ほどよく忘れて生きていく

藤井英子

京都市左京区下鴨。
下鴨神社にほど近い、
とあるビルの一室に、
そのクリニックはあります。

広いとは言えない診察室で
手渡されるのは、
お守りのような
「大丈夫ですよ」
の言葉でした。

はじめに

「ご自分を大切になさってくださいね」

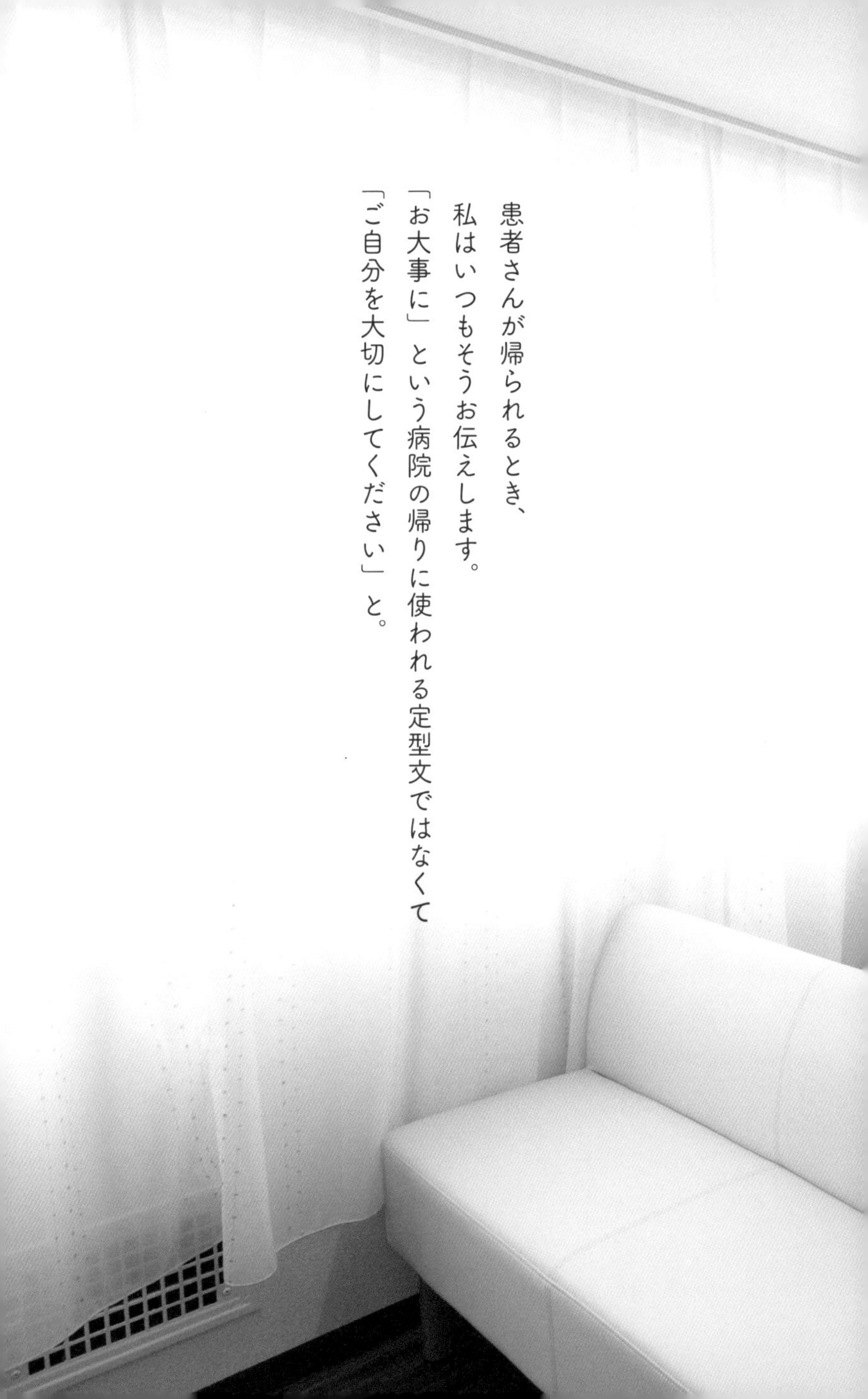

患者さんが帰られるとき、
私はいつもそうお伝えします。
「お大事に」という病院の帰りに使われる定型文ではなくて
「ご自分を大切にしてください」と。

「あなたは大切な大切な存在であること。自分を癒そうと、ここを訪れたことに、私は敬意を持って接していること。私はできるかぎりのことをしたので、あとは、あなた自身が自分をいたわり、養生して元気になってくださいね」

本来、「お大事に」という言葉には、そんな思いが詰まっています。

でも、あたりまえのように病院で投げかけられる定型文では、ここに込められた意味を受け取ることができなくなっていることも事実でしょう。

いつもと違う言葉によって、本来の意味が患者さんの心に届くことを祈りながら、目を見て「ご自分を大切にしてくださいね」と伝えると、多くの方がハッとした顔をされます。

それだけ、自分を後回しにしている方も多いのかもしれません。

人は社会性を持つ生き物です。誰もが少なからず、誰かのために心とからだを砕いて生きています。

　自分ひとりだけで生きていたなら、起きないことや感じないさまざまな困難を抱えながらも、やっぱり人は、ひとりでは生きられない。

　だからこそ、普段から大切にしてほしいのは、何より自分を大切にすること。

　自分を後回しにしないこと

です。

「誰か」のために、毎日を駆け抜けてきた人こそ、ほどよい加減で、その誰かを「忘れてみる」と、自分を大切にできたり、自分の気持ちに気づけたりするかもしれません。

「後悔」に囚《とら》われている人も、それを「忘れてみる」ことで、新しい挑戦をはじめることができるかもしれません。

私は産婦人科医として7年間、そして精神科医として30年以上、患者さんからたくさんのことを教えてもらいましたが、この本を通してお伝えしたいのは、他の誰でもなく、自分から目をそらさないでほしいということ。

自分をまっさきに大事にし、自分の声を聞き、自分をいたわり慈しむこと。そのために、「忘れていいこと」と、その反対の「大切に心に留め置きたいこと」を提案してみたいと思います。必要ないものを「忘れる」ことで、自分が本当に大切にすべきものごとが見えてきます。

だからあなたも、誰かのことはいったん忘れて「ご自分を大切になさってくださいね」。

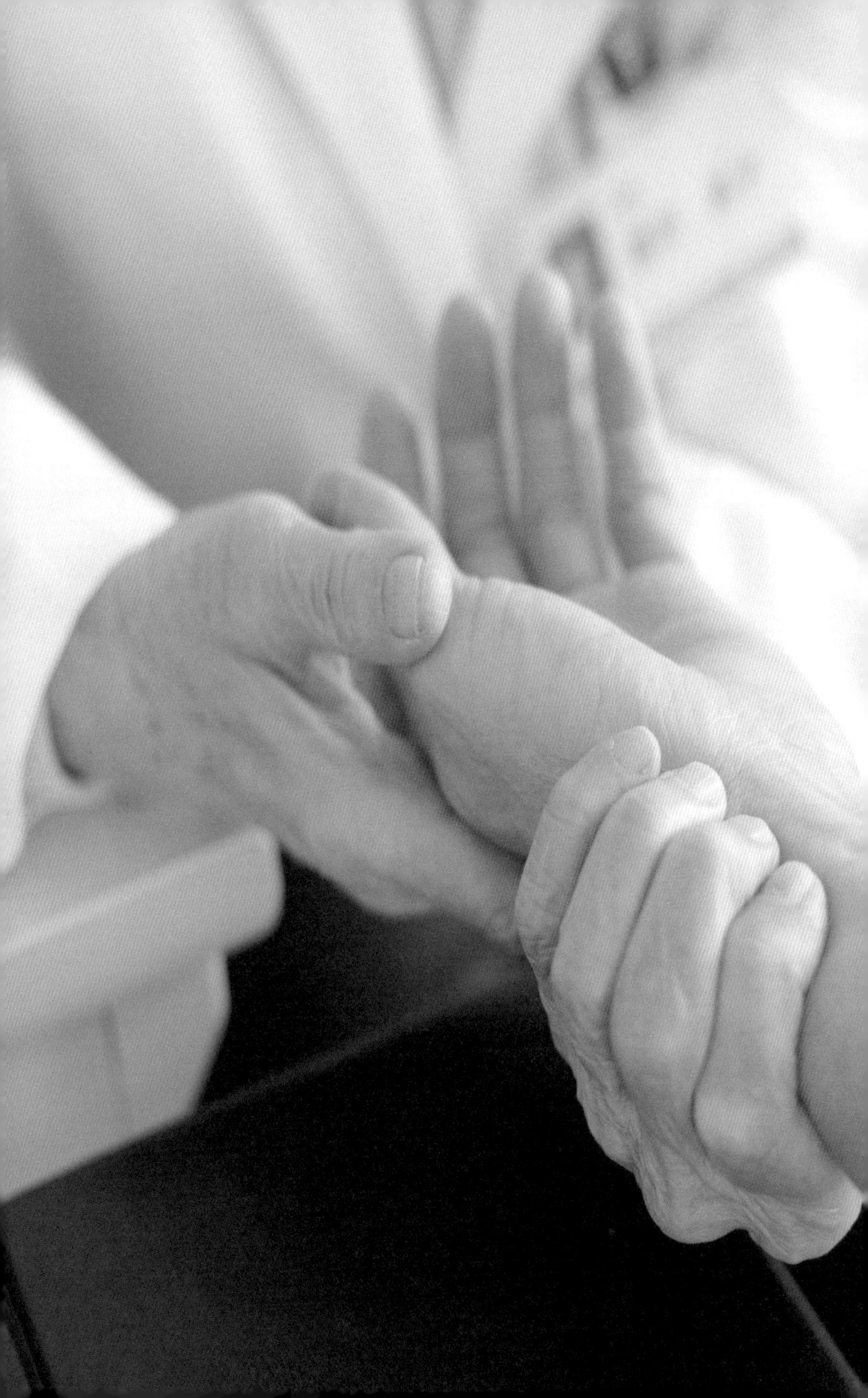

主な行先
北大路駅・大徳寺
金閣寺・四条大宮
方面
204
204
206
206
KYOTO Wi-Fi

「そうは言っても、いやな気持ちとか、後悔とか、忘れたくても忘れられないものじゃないですか？」

そんな声が聞こえてきそうです。実際に、クリニックでそう言われたこともあります。翌日に持ち越してしまうどころか、ずっと昔のことなのに、魚の小骨のように、胸につかえて今でもとれることがない……と。

私自身は、いやな感情や、思いどおりにならなかったできごとへの残念な思いやネガティブな気持ちを、翌日に持ち越すことはほとんどしません。

その秘訣《ひけつ》は、実は本当に簡単な方法です。

それは、「持ち越さない」と決めること。

人は、自分でそう思うから、そうなります。私は、いやなことが起きたり、悲しいことがあったりしたとき、「起きたことは起きたことだ」ととらえるくせをつけています。

起きたできごとをあれこれ考えるより、次にどうするかを決めるほうが大事。「今日の負の感情は今日まで」「起きたことについてグズグズ言わない。どうするかを考える」――最初からそうできていたわけではありませんが、長く生きていると、いつの間にかそんなふうに、気持ちをすっきり立て直すことができるようになりました。

これまで、「いやなことを引きずってしまう」という人も、毎日「練習」することで、新しい習慣が自分になじんできます。最初は「10分だけ脇に置く」からはじめてみましょう。


いやなこと、執着、行きすぎたこだわり、誰かへの期待、後悔、過去の栄光は、ほどよく忘れるほうがいい。

その一方で、自分自身のことに集中すること、自分の居場所を心地よく保つこと。大事にしたい絆《きずな》を大切にし続けること。ありがたいと思う心。――それらは忘れずに、日々心に留め置く。いい塩梅《あんばい》を見つけたいと私も日々模索中です。


人はもしかしたら「覚えていすぎ」なのかもしれませんね。

「忘れていい」とちょっと気持ちを変えることで、さっぱりとした気持ちのいい心で、毎日を楽しく過ごせる気がします。

ほどよく忘れて生きていく　目次

I章 「人間関係」はほどよく忘れる

2 章

「自分をいたわる」は忘れない

3章

「過去」はほどよく忘れる

4章

「小さな挑戦」は忘れない

ブックデザイン 萩原弦一郎（256）
撮影 秋月雅
2－3p写真素材 beeboys/Shutterstock.com
DTP 天龍社
構成 MARU
編集協力 乙部美帆
編集 橋口英恵（サンマーク出版）

I章

「人間関係」はほどよく忘れる

01

「折り合い」は忘れる

人間関係は、考えすぎないほうがうまくいく気がします。「折り合い」の前に、「相手を考えない時間」を持つことです。

人間関係は、自分と自分以外とのやりとりです。思ったとおりにはいかないものと思っていたほうが、心はいくぶんラクでしょう。

以前、学校にお勤めの方が来院され、「学生から苛立《いらだ》ちをぶつけられるような発言をされショックを受けた」と大変落ち込んでおられました。私は「お気持ちはわかりますが、気にしすぎることをやめてみましょう」とお伝えしました。短気ですぐ腹を立てる「易怒性」のある方に対して、正面から受け止めていたらこちらがもちません。

この患者さんは職場を辞めることは考えておられなかったので、「相手と心の距離を持つようにしてみてください」とお伝えし、不安を落ち着かせる効果のある半夏厚朴湯《はんげこうぼくとう》や当帰芍薬散《とうきしゃくやくさん》、気を補う補中益気湯《ほちゅうえっきとう》などを処方しました。

私がお伝えしたかった「心の距離」とは、相手のことを考えない時間を持つこと。相手に自分の時間、思考を占領されないよう、たとえば「職場にいないときには考えない」「思い出しそうになったら、他のことをやる」といった、心の線引きをすることでした。その方は、次の来院時には、表情が明るくなっておられ、「心の中では折り合いがついて解決しました」とおっしゃっていました。

人間関係のゴタゴタでは、「折り合いをつけなくては」と頑張ろうとするのを一度やめてみるのも手です。相手と距離を置けることとばかりとも限りません。そんなときには、「いったん、その存在を忘れる時間をつくる」こと。自分の中の折り合いは、相手をきちんとあるべき場所に「置く」ことから始まる気がします。

02

「みんな仲よく」は忘れる

すべての人に好かれるのは
不可能です。
嫌われてしまったならば、
そこからサラリと離れることです。

すべての人に好かれるのは不可能です。どれほどあなたがよい人でも、どれだけ人に好かれるために気を遣っても、たまたま相手の心の傷に触れたり、相手にとっていやなことをしてしまったりして、敬遠されてしまうことはあります。

たまたま相手に心の余裕がなかったり、問題を抱えていたりして、他人とよいコミュニケーションがとれない時期だったということもあるでしょう。

それは、どれほど高級な鯛《たい》を差し出しても、「魚が嫌い」と食べない人がいるのと同じ。嫌われるときはどうしたって嫌われる。原因のすべてが自分にあると思わないことです。

私もいつも人から好かれていたわけではなかったと思いますし、長くクリニックの院長を務めていたときには、人間関係でもさまざまな窮地がありました。

「ああ、この人は自分のことをよく思っていないのだろうな」という人からは「あらそう、それは仕方ないですね」とサラッと離れます。自分が苦手だと思う人からは、スッと距離を置く。年の功でしょうか、そんなことが身についたようです。

さらには、そのことをいつまでも覚えているのを意識してやめること。聞かれてはじめて思い出すくらいのほうがお互い平和なのです。

自分のことを嫌いな人をなんとかしようとする必要はありません。自分のことを好きでいてくれる人とどう人生を過ごすかを考えたほうが、人生は明るくなります。

03

「誰かの意見」は忘れる

人の意見に耳を貸すことは大切。
でも、気にしすぎないことは
もっと大切です。
人の意見なんて、
本人も覚えていない、
無責任なことも多いものです。

周囲の声が気になってしまうことは、誰にでもありますよね。
もちろん人の意見によって悩みの突破口が見つかることもありますから、真摯に耳を傾けることは大切ですが、あちこちから聞こえてくる、「ただ自分の意見を聞いてほしいだけ」の、無責任なアドバイスに振り回されないようにしたいものです。

どんなに親しい間柄であっても、人との間にはいつも「こぶし大」を開ける。自分は自分、相手は相手、と距離を置き、自分の反応を大切にしながらちょっと耳を傾けるくらいがちょうどよいのです。

「ああ、この人はそう思っているのか」「そうか、そういう考えもあるのか。自分はそれについてどう思うだろう」と、相手との間に境界線を引くことができれば、「誰かの何気ない言葉」を真に受けて苦しむことはなくなります。

以前、クリニックに「会社で自分の悪口を言われているのではないかと不安で眠れません」という方がお越しになりました。お話を聞くうちに、あることないことをあちこちで話すお局《つぼね》さんの存在が見えてきました。私は、「堂々としておられたらいいですよ」とお伝えしつつ、意識が過敏になってしまう心のケアをと、漢方薬を処方しました。

うわさ話というのは、槍玉《やりだま》に挙げられている人よりも、不確かな情報で人を貶《おとし》めようとしている人の品格の問題です。そのような相手のご機嫌をとろうと、自分の大切な時間を注ぎ込む必要はありません。自分の心を守るためにも、さっさと距離を置いて、その人の存在をできるかぎり忘れてしまうことです。

04

「比べる」は忘れる

人と自分を比べる必要などありません。

まずは、自分そのままで「どうやれば心地よくなるか」「安心できるか」を考えましょう。


ずいぶん前の話になりますが、結婚、出産されたあとにうつ状態になった患者さんが、クリニックにいらっしゃいました。

お話を聞いてみると、子どもと一緒に夫の実家へ行くたびにいやなことを言われて、姑《しゅうとめ》さんに会うのがつらいということでした。そして、「姑さんと仲がよい他の方がとてもうらやましく、自分はなぜ上手につきあえないのだろう」と悩んでいらっしゃいました。

私は「他の人と比べる必要も、気にする必要もありませんよ。しばらくは、実家に遊びに行くときは夫にお願いしたらどうですか？　無理をして姑さんのところに行って、うまく立ち回ろうとしなくても、あなたが心地よいと感じることを選んでいいのですよ」とお伝えしました。その方はさっそくそれを実践されたようで、実家へは、夫に子どもを連れて帰ってもらうようにされたようです。

すると、姑さんは息子さんが来るようになったことを喜ばれたようです。息子さんと話したかったのでしょう。息子と一緒にやってくるお孫さんとも仲よくなり、やがて、姑さんから「あなたも一緒にいらっしゃい」と言われるようになったといいます。お嫁さんへの対応も以前と違って、明るく、やわらかくなったようでした。

人と比べたり、遠い憧れを抱き続けたりするよりも、ただ「自分がどうすれば心地よいのか、安心できるのか」を考えて、暮らしを見直してみませんか？　必ず、その先になりたい自分がいると思いますよ。

05

「してあげる」は忘れる

誰かになり代わって、
課題を解決することはできません。
いい人のふりをして、
勝手に取り上げてしまわない
ことです。

「人の悩みごとばかり聞いていて、心が折れることはありませんか」と聞かれることがあります。精神科医として人の心やからだの悩みを診ていると、そのどれもが、自分の人生をあきらめていないからこそ生まれてくる尊い思いなのだということがわかります。

その思いと人生に尊敬の念を抱きながら、自分ができる診療のため、目の前の方に接する日々です。

人はそれぞれが自分の人生を生きています。自分は自分であって、他の誰かになり代わることはできない——そんなことを、患者さんたちは教えてくれます。

思わず胸にこみ上げてくるような、おつらい環境の話を聞くことがあっても、患者さんの気持ちがわかるとか、自分が代わってそのつらさを解決してあげよう、なんて思うとしたら、それはおこがましい話だと思うのです。私にできるのは、漢方薬を使いながらその問題に向き合える心身を取り戻すお手伝いをすることです。

これは診療の場面だけではありません。相手の人生の課題を勝手に取り上げないこと、相手にその問題を解決する力があると信じて、立ち向かおうとするその姿勢を尊重したいな、と思います。

人と自分の間にきちんと境界線を引き、相手の人生を尊重することは、どんな人間関係においても大切なことだと思います。

06

「苦手な誰か」は忘れる

「苦手な人とうまくやろう」なんて最初から思わないことです。関わりを絶てないならば、相手のことを考えない時間をつくること。

仕事や親戚、ご近所づきあいなどで、苦手な人と関わらなくてはいけないこともありますね。できるかぎり、苦手な人とは距離を置いて接するのがよいですが、立場上、日常的に交流があったり、距離を置くことができないということもあるでしょう。

相手の苦手な部分、いやなことに注目してしまうと、それをなんとかしようとしがちですが、そうやって相手を変えようと働きかけると関係性は悪化してしまいます。それだけでなく、変わらない相手に執着するという現象が起こり、相手の一挙手一投足にストレスを感じることになります。

嫌いなのに、離れられないなんて、どちらにとってもただ不幸せでしょう。そんなときは、しっかりと相手と自分の間に「心の境界線」を引くことが大切です。

そして、「相手の言うことに振り回されない、相手の言いなりにならない」と決めることです。それは「相手のことも変えようとしない」と決めることでもあります。どうやっても他人は変えられないのですから、相手を変える努力よりも、できるだけ相手や相手の言ったことを「意識的に忘れる」努力が必要です。

からだを動かしたり、本を読んでその世界に埋没したり、映画を観たりすると、最初はわずかな時間かもしれませんが、その時間は頭がそこから離れます。少し忘れられます。

そんな「忘れる練習」を繰り返し行うのです。練習を重ねるうちに、他に楽しいこと、関わりたい人が見つかることもあります。

07

「親だから」は忘れる

あれこれ子どもに
「教えなきゃ」なんて
思わなくていいのです。
そもそも、「しなさい」と言う前に
まずはご自分を振り返ること。

私は、7人の子どもを育てましたが、子どもたちに対して「勉強をしなさい」とか「親の仕事を継ぎなさい」などと言ったことは一度もありませんでした。
言う必要がないほどできがよかったなんてことはありません。夫は夫で、子どもが悪いことをして学校から呼び出されるたびに、「これも、自分の教育の結果だ」と、子どもを必要以上に叱ることはありませんでした。命に関わったり、法律に触れたりするような深刻な事態でない限りは、子どもであっても「これはこの人の人生」と、どこか俯瞰《ふかん》して見守ってきたように思います。

それがよかったかどうかはわかりませんが、たとえ家族であっても、近しい友人であっても、相手の行動を決める権利はその人以外にはない、ということは確かな気がします。

「こうしてほしい」ときちんと言葉で伝えることは大切ですが、そこから先は相手の領域です。することもあれば、しないこともあるでしょう。相手を怒鳴り、責め、コントロールしようとしても、それは人間関係の悪化を生み、たいていは徒労に終わります。

助言も、それが、自分の希望を相手を通してかなえるようなものであってはならないと思います。

「あなたにはあなたのやり方、考えがある。そのうえで、私には少しお手伝いできるかもしれない」。親も子も、同じ場所に立ち、目線を合わせて話したいものです。

08

「家族だから」は忘れる

一番身近な人にこそ、「ときどき、きちんと」。「親しき仲こその礼儀」を意識すると、スッと気持ちのいい風が流れます。

心療内科で患者さんを診ていると、家族に関する悩みもたくさん伺います。姑さんとの同居の悩みがあるかと思えば、息子の妻への不満もあります。8050問題の真っただ中にいて、家から出ない子どもの将来を悲観する80代の親がおられるかと思えば、認知症の親の介護の相談をされる方もいらっしゃいます。

家族の悩みは、家族の数だけ多種多様です。そして、それはどれも尊い悩みですが、同時に、家族だからこそ距離がとりづらく、心のほどよい距離を保つことも難しいものです。

でも、家族だからこそ、「親しき仲にも礼儀あり」を実践することで、関係性がよくなることはよくあります。これは、他人行儀ということではなくて、他人に対してするように、「ときどききちんとする」ということ。

自分の思いの丈は「少しお時間いいですか」と時間をもらって、本音で話すことであったり、してもらったことに、きちんと正面から「ありがとう」の言葉を伝え、悪かったと思ったら「ごめんなさい」を伝えるということです。

私は次女と同居していますが、日々の朝食やお昼の弁当は彼女が準備してくれます。そんな次女に、クリニックから帰宅するとまず最初に「今日も朝からいろいろとありがとう。お弁当ごちそうさま」と忘れずにお礼の言葉を伝えるようにしています。

身近な人に対してこそ、ときどき「きちんと」してみる。心を込めた「ありがとう」と「ごめんなさい」こそ、大切にしたいと思います。

09

「形だけの挨拶」は忘れる

人との関係は、
言葉で織りなされます。
ひと言付け加える
手間だけで、ただのやりとりに
血が通います。

本書の冒頭で、患者さんがお帰りになるときに、「お大事に」と言わずに「ご自分を大切にしてくださいね」とお伝えするとお話ししました。
本来届けたい真意が伝わりにくい、「挨拶言葉」は他にもあって、「おはよう」「おやすみ」「こんにちは」をはじめ、「ありがとう」や「いただきます」「ごちそうさま」などもそうでしょう。

「おはよう」は、もともと歌舞伎の世界で使われていたという説があり、「お早いお着きですね」という意味です。芸能界では夜でも「おはよう」と言って挨拶をするそうですが、ただの挨拶ではなく、相手をねぎらう言葉だったと言えます。

「こんばんは（今晩は）」や「こんにちは（今日は）」は、本来、「今晩は月が綺麗《きれい》ですね」「今日は寒いですね」という共感や相手を思いやる言葉が後ろに続きました。

「ありがとう」も、「運んでくれてありがとう」と、言葉を添えることで、ただの挨拶から相手に思いを伝える言葉に戻すことができますね。何に対しての感謝なのか、それを追加することで、相手を丁寧に思いやる言葉に変えることができます。

それだけで、家族や友人、ご近所さんとのやりとりに血が通います。

さらに、ただの「ありがとう」を「○○してくれてありがとう」、「ごちそうさま」を「時間をかけておいしいごはんを作ってくださってありがとう。ごちそうさまでした」と相手に伝えることで、自分は手間をかけ大切にされる存在なのだと、気づくことにもつながるでしょう。

10

「わかってくれない」を忘れる

自分が本当に
望んでいることを
きちんと言葉にして
伝える力を持つと、
人生は少し生きやすくなります。

自分の心に嘘《うそ》をつかず、きちんと素直に相手に伝えるということは、健やかな心を保つために必要なことです。

長い人生ですから、心に秘めていることが、ひとつやふたつあってもいいのですが、いつも遠慮して、自分がいやなことを言わず、言いたいことも言えずに生きていると、身体に不調として現れますから、本音をきちんと伝えたほうがいいのです。

京都には本音を言わない文化があると言われますが、それは、その文化圏の中でお互いにわかっているからであって、「すべてを慮《おもんぱか》れ」と言われても無理なこと。本音というのはきちんと自分で伝えない限り、なかなか伝わらないものです。たとえ、親しい人であったとしても、自分の心を測って希望どおりに動いてくれるわけではありません。

自分がきちんと伝えていないにもかかわらず「あの人は私を理解してくれない」と思うのは、人生の大切な命の時間を無駄にすることです。

相手に「わかってくれない」という不満を持ち続けるくらいなら、自分の本音をきちんと伝える努力をすることです。相手を責めるのではなく、「私はこうしてほしい」と伝えてみることです。

相手が受け止めてくれるかどうか、自分の希望に沿ってくれるかどうかは相手の問題ですが、自分の思いをきちんと相手に伝えるということは、自分が自分のためにできる、大切な心のケアですからね。

11

「迷惑かけたくない」を忘れる

人間関係の「我慢」は一銭の得にもなりません。前向きな我慢とは「頑張りどき」。しなくていい我慢に気づくことです。

診察室にたどりついた女性が、堰《せき》を切ったように自分のつらさを吐露されることがあります。出てくるのは、会社での人間関係、上司のパワハラ、夫との不仲、子どもとのコミュニケーションなどさまざまです。心理学者のアルフレッド・アドラーは、

「人間の悩みは、すべて対人関係の悩みである」と言ったといいますが、対人関係でのもつれというのは人の心を疲弊させます。

とくに、誰かと折り合いをつけるために自分だけがしている我慢は、心身に不調をきたします。日本の代表的な漢方薬品メーカーであるツムラが実施した調査によると、20代から50代の女性のなんと8割が、心身に不調を感じているにもかかわらず「隠れ我慢」をしながら生活していることがわかりました。

我慢している理由として気になったのが、「我慢できる」「周りに心配をかけたくない」「周りに相談をしても分かってもらえない気がする」「周りの目が気になる」など、我慢が、我慢を呼んでいるということです。

診察室でもよく患者さんに問うことがあります。それは、「その我慢は、本当に必要な我慢でしょうか？」ということです。

もちろん、ここぞというときに苦しくても大変でも乗り越えなくてはならないできごとはあります。それは、我慢ではなくて、「頑張りどき」で、不思議と力が湧いてくるものですが、我慢は、ひとりよがりであることがほとんどです。

しなくてもいい我慢を続けていないかどうか、一度ご自分に確かめてみませんか？

12

「私さえ我慢すれば」を忘れる

「私さえ我慢すれば」なんて、
悲劇のヒロインの妄想です。
一方的な我慢をやめることは、
自分のためであり、
周りの人のためでもあります。

もしも、今、ご自分を取り巻く環境の中で、「私さえ我慢すればなんとかなる」と思っているのだとしたら、一度ご自分にこう尋ねてみてください。
「私が我慢することで、本当にうまくいっているのだろうか」

「私が我慢するのをやめたら、困る人がいるのだろうか」

実は、一方的な我慢というのは、自分に我慢させている（と自分が思っている）相手には伝わっていないことが多々あります。

以前、ＰＭＤＤ（月経前不快気分障害）でいらした患者さんが、「苦しくて仕方がないけれど、夫も、子どもも、周囲も、誰もこのつらさをわかってくれないからひとりで我慢するしかない」とおっしゃいました。そこで、夫氏と一緒に受診してもらい、医師としての視点から、奥様の状態はただの気分の乱れではなく、自分の力でコントロールできるものではないこと、サポートが必要であることなどを伝えました。

「そうだったんですね」と旦那さんはいくぶんほっとした顔をされました。

実は、「自分が我慢していればなんとかなる」と思っていたのは妻だけで、夫は夫で、理由もわからず妻が不安定になったり、沈んだりすることを心配していたのです。

そして、夫は妻の状態を医学的な説明によって知ることができ、どうサポートしていけばいいのか、大変前向きになられました。

自分ひとりでしなくてもいい我慢はやめることです。周囲に助けを求めると、自分だけでなく周りも救われることのほうが多いのです。

I 3

ときどき「仕事」を忘れる

「仕事のことを考えない時間」こそ、仕事には不可欠です。
せめて寝床には仕事を
持ち込まないで。

仕事の過労で心身を壊してしまう人の多くが、起きている間ずっと、仕事のことを考えています。食事中も、お風呂でもとなると、からだに与えるストレスは甚大です。
あたりまえのようですが、「仕事のとき以外は仕事のことを考えない」。これを声を大にして言いたいものです。

もちろん、好きでそうしているわけではなく、やるべき仕事が終わらず、夜中までかかってしまうような人は「やることがありすぎて考えないなんてできない」と言いますが、これはもうワーカホリックの一歩手前、依存予備軍だと自覚しましょう。

もちろん、仕事が楽しくて仕方なくて考え続けてしまうというならいいのですが、それでも、仕事のことを考えない「オフ」の時間をつくるほうがいいですね。自分なりのスイッチを「オフ」にする習慣をつくってみてください。

私はというと、仕事が終わったらすぐに白衣を脱いでハンガーにかけます。これがスイッチ「オフ」の合図になっていて、仕事場からは少しでも早く出るようにしています。カルテなどを、患者さんごとに、診察と診察の合間に集中して書き終えるようにしているのは、このためでもあります。

眠るギリギリまで仕事のことを考えていると、交感神経が優位のまま、からだが緊張状態のままで、夢でも仕事に追いかけられて疲れもとれません。眠る前にリラックスできる音楽を聴いたり、よい香りを嗅いだりして、少しでも仕事を忘れる時間をつくってください。

14

「これまでのやり方」は忘れる

現実が思いどおりでないなら、
何かが違う、のサインです。
別の方法を試してみましょう。

今、自分の人生が自分の思ったとおりにいっていないのなら、それは「その方法ではうまくいかないよ」というひとつの実験結果です。
人間関係も、仕事も、行き詰まっているな、と感じるときこそ、新しい方法を試してみるときなのかもしれません。自分の経験だけに頼らず、専門家の話を聞いてみることで道が開けることもあります。

以前、ある男性が診察に来られました。男性は「自分の症状は男の更年期でしょ?」と自己診断されているご様子でしたが、診察の結果、不安神経症と診断して漢方薬の服用を勧めました。私が更年期障害と断定しなかったことに多少ご不満のようでした。処方箋を受け取って予約はとらずにお帰りになりました。

お薬飲まれたかしら……なんて思っていたら、数週間後に「薬がなくなったので、また欲しい」というお電話をいただき、再診に来られました。

見違えるほど素直に私の話を聞かれるようになっていて、驚きました。その後、降圧剤を追加して、さらに調子がよくなられたようで、初診時とまったく別人のようにやさしい表情に変わられました。

半信半疑であっても、自分が思っていたこととは違う方法を試してみると思わぬよい方向へ転がることもあります。うまくいかないなら、違う方法を試してみるだけでうまくいく。人生というのは案外そんなものかもしれません。

15

「完璧」を忘れてみる

完璧を求めないことです。
誰かの力を借りて、
時間と心にゆとりを
持つことこそ、あなたが
やるべきことです。

人間関係も、自分の暮らしも、「完璧」を求める限りは、幸せにたどりつかない気がします。周囲の皆と仲よく人間関係も良好、暮らしも隅々まで手が行き届き、仕事もプライベートも満点。そんな人はいないのです。

クリニックにいらっしゃる方の中には、「自分ですべてをやらなくてはならない」と思い込んでしまっている方も多いですね。フルタイムで仕事をしながら日々の食事もお弁当もすべて手作りで頑張る方、仕事をしながら、なんとか自分で親を介護したいと奮闘される方、「自分の力で」「満点でなくては」と、踏ん張り続けているように見える方には、「少し力を抜かれては」とお伝えすることがあります。

自分に負荷をかけることは必ずしも美徳ではありません。なかには「手抜きをしていると思われたくない」と言う方もいらっしゃいますが、自分に無理をさせないということは、手抜きなんかではありません。

私は、7人の子育てに追われていたときは、実母に頼りきりでした。完璧なんてほど遠く、お弁当は、兄弟のぶんを間違えて白ごはんに白ごはんを持たせてしまったこともあります。それも今では笑い話ですが、親として至らなかったと思うところも、もっと手をかけてあげたかったと思うことも少なくありません。それでも、子どもたちはそれぞれよく育ってくれました。

育児も介護も、完璧にやったから、完璧な結果が出るわけではありません。だから、少しだけ、日々頑張る自分のために肩の力を抜いてみてほしいと思います。

2章

「自分をいたわる」は忘れない

16

ほどよく「忘れる」をよしとする

衰えていくことを必要以上に恐れずにほどよくつきあっていきましょう。認知症の心配もほどほどに。

年齢を重ねてくると認知症への不安を口にされる方も増えてきますが、もし本当に心配なら、まずは専門医に診てもらうのが一番の早道です。介護やご家族のお世話がなくなって、やることがなくなったことを契機に認知機能の低下が一気に進むという方の話も聞きます。

私のクリニックでも、ご家族の方々の不安をお聞きして不安解消のためのお手伝いをすることもありますが、多くの場合は、きちんと対処すればよくなります。

認知症にならずとも、加齢によって多少なりとも脳の萎縮は生じ、認知機能は衰えるものです。「忘れる」ことが増えていくのは自然な現象。それを過度に気にしても仕方ありません。誰もが通る道として、私自身もほどよくつきあっていきたいと思います。

ただ、年齢に関係なく、日ごろから衰えることへの予防策を講じることは大切です。

脳トレもいいですが、まずはからだをつくる食事面。たとえば、大豆製品はコレステロール、高脂血症値を下げることに役立つという研究結果もあり、ナットウキナーゼは血栓の防止によい働きをするようです。緑黄色野菜、オリーブオイル、青魚も、積極的に摂取しましょう。よく噛《か》んで食べ、手先を動かし、適度な運動を。私のクリニックでも、患者さんには、そのように養生についてお伝えしています。

そして、孤立せず社会との関わりを持つようにし、過去のことや心配事は、ほどよく忘れて、楽しいことや新しいことに挑戦します。一緒に実践するご友人がいると、なおいいですね。できることをひとつずつ、はじめてみませんか？

17

「本当の原因」を見つける

心とからだは
つながっています。
からだの問題の原因が、
心にある場合もあります。

東洋医学は、「木ではなく森を観る医学」とたとえられます。木の葉の先が弱っているからといって、そこを治そうというのではなく、木の生えている環境や状況を俯《ふ》瞰《かん》して見て、なぜ葉が弱ったのか、根本的な原因を見つけて解決していく医学です。

漢方医学の考え方は「心身一如」。これは、心とからだは深くつながっているという意味です。多くの場合、からだに現れている不調そのものを見ていても解決しません。からだに現れているものは、心が原因であったりします。反対に、心の不調は、からだの栄養不足や機能不全が原因のことも。だからこそ、大もとの原因を見つけ出して、心とからだのバランスをとることが不調を回復させる鍵になるのです。

また、東洋医学の、五臓という言葉を聞いたことがある人もおられるかと思います。肝（肝臓）、心（心臓）、脾（脾臓）、肺、腎（腎臓）の5つで、西洋医学で言うところの臓器と同時に、からだのめぐりのために働く機能を指します。五臓がそれぞれバランスよく働いていることによって、心とからだが健康に保たれます。

それぞれの臓器は人の感情とも深く結びついています。肝の働きが弱ればイライラして怒りっぽくなりますし、脾が弱っているときはクヨクヨしやすいのです。五臓の働きやバランスが整えば、からだのめぐりがよくなり、自然と心は落ち着き体調は改善します。

クリニックにいらっしゃる方の、症状だけではなくて、生活環境や心の状態を伺いながら、からだの中をめぐる気・血・水の流れを整えます。

18

いつでも「自分」に敏感になる

昨日の自分と今日の自分、
どこか違いがありますか？
体調は？
肌つやは？
目を凝らして自分を観察します。

診察室では、まず患者さんを「みる」ことからはじまります。

ここ、漢方心療内科の診察室では、レントゲンや血液検査ではなく、触れたり、みたりと、五感を使った「4つの見方」で診察します。「望診《ぼうしん》」「聞診《ぶんしん》」「問診《もんしん》」「切診《せっしん》」

の4つです。五感と、技術、知識、経験とをフル回転させる診察とも言えます。

まず「望診」で、患者さんの状態を目で観察します。とくに大切なのが舌。舌は内臓の状態を表し、病気や症状の原因が見えてきます。その他、顔色はどうか、表情は明るいか、肌のつややや荒れ具合を確認します。体型や動作などもチェックします。

それから「聞診」を行います。これは、「声」を診ること。患者さんの声に張りがあるかどうか、また、呼吸の状態、そして、咳《せき》や口臭についても確認します。

そのあとで行うのが「問診」です。これは西洋医も同じですね。生活習慣、睡眠はとれているのか、現在の病気に加えてこれまでの既往症や体質なども確認します。

そして最後に「切診」です。「切」とは中国語で「接」を意味します。患者さんのからだに触れ、脈診の他、腹診を行ったりすることで、からだの状態を把握します。

診察とまではいかなくとも、これらの中には自分でもできることもありますね。普段から、自分のからだに触れ、鏡を見て、舌をはじめ、あちこちを確認して、自分自身に敏感になりましょう。体調不良も、心の小さなくもりも、大事になる前に、自分でそっと手当てしてあげることができます。

19

「自分でよくなる力」を引き出す

誰もが「自分でよくなる力」を持っています。
「大丈夫、きっとよくなる」
自分への声かけが、
それを引き出します。

漢方薬は、自分でよくなる力、自己治癒力を回復させる薬でもあります。体質や状態で処方する薬は異なりますが、処方を間違えない限り、時間がたてば改善の兆しが見えてくるものです。

だから、私はいつでも患者さんに「大丈夫、きっとよくなりますからね」と声をかけます。患者さんの中には「あなたに何がわかるの」と憤慨される人もいますが、それでも「大丈夫、きっとよくなるから」と根気よく伝え続けます。

これは、ただの気休めではありません。

人は誰もがもともと「自分をよくする力」を持っていて、漢方薬はその力を引き出してくれる薬。よくなる力を持っていない人などいません。自分の「治る力」を信じることで、不思議とからだはそれに応えてくれるように思います。

からだじゅうに痛みが出る線維筋痛症の方がいらっしゃいました。10代の方でしたが、さまざまな治療をしてもよくならず、漢方薬を試しにおいでになりました。当帰四逆加呉茱萸生姜湯《とうきしぎゃくかごしゅゆしょうきょうとう》と半夏厚朴湯《はんげこうぼくとう》を処方したところ、それまでは痛みで寝られなかったのが、寝付けるようになったと笑顔を見せてくださいました。

漢方は、その人の中の「よくなろうとする力」を引き出す薬です。もしかすると、それまでの治療薬が効きはじめたのかもしれません。

自分が未来を切り開く力を持っていると信じて、「大丈夫、きっとよくなる」と声をかけてください。からだはその声援に応えようと、生命力を発揮してくれます。

20

「動く」ことでやる気を出す

ダラダラしてしまうときは、
小さなことに手をつけてみます。
やれば、やる気が起きてきます。

「どうしてもやる気が出ない」と言う患者さんもおられます。
やる気を取り戻すには、できない自分を叱咤《しった》激励するよりも、日常生活の改善のほうがずっと大切です。

すなわち、心をなんとかしようとするのではなく、からだを見直すのです。

食生活の改善では、神経伝達物質であるドーパミンの生成を助けるアミノ酸や、脳の疲労を回復させてくれるビタミンB群を積極的に摂取しましょう。また、睡眠の質を上げ、日光を浴びることで、脳を安定させたり活性化させたりする神経伝達物質・セロトニンも活性化します。

からだを動かすことは、脳への血流量も増加させます。何かしらやらなくてはならないことがあるときは、少し準備運動をするとよいでしょう。

以前、70代の患者さんに「NHKのラジオ体操を1日に1回やるだけでも脳が活性化されますよ」とお伝えしたら、次にいらしたときに「さっそくやってみたら、朝ダラダラすることがなくなりました」と。快活で、明るくなられたのが印象的でした。

また、人は、やる気が出たから何かをやりはじめるのではなく、やりはじめたことに対してやる気が出る性質を持っていることが、脳科学の研究でもわかっています。

大きなことからやろうとせず、小さなことから手をつけること、あれこれ考える前にとにかく手をつけてしまうのも効果的です。

やる気はあとからついてくるものなのですね。

21

「同じリズム」をつくる

1日のはじまりと終わりを、
決まった「ルーティン」にしています。
生活の中の「決まりごと」によって、
小さな変化に気づきます。

朝と夜、私は「同じリズム」を意識しています。「1日はこれではじまり、これで終わる」という決まりごとで、生活のリズムが整います。

私の朝は、6時に起きてカーテンを開けて、太陽の光をしっかり浴びることからはじまります。それから洗顔、歯磨き、着替えをして、仏前へ。般若心経を唱えます。昔、母が唱えるのを横で聴くうちに覚えてからの習慣で、わずか5分ほど。この一連の流れが私の朝の日課です。般若心経を唱える声でその日の調子もわかります。

そして、一緒に暮らす次女が用意してくれた朝ごはんを食べます。最初に100％の野菜のジュースを飲み、ヨーグルトを食べ、次に牛乳、そしてトーストを食べます。最後には果物。日替わりでリンゴやキウイ、バナナをいただきます。いつも、だいたいこの順番に食べることで、少しずつからだの機能が活発になるのがわかります。

お昼のお弁当のあと、午後は診察の合間に「お三時」で糖分補給です。おやつのことを「お三時」とも言いますが、疲れた脳への糖分補給にちょうどよく、私は甘いものをちょこちょこと買い置きし、受付をしている次男と、お三時を楽しみます。

夜、診療から帰ると、夕食はだいたい夜8時。魚などのタンパク質は欠かさず、らっきょう、納豆は必ず食べています。

こう書くと、変わり映えしない毎日に見えますが、整えるとは「決まりをつくる」ことからはじまります。おかげでこの年まで日々健康に過ごさせてもらい、ありがたいルーティンです。

22

なにはともあれ「歩く」

通勤手段はいつもバスと徒歩。
自分なりの早足が
よい運動になっています。
からだを動かす習慣を
続けたいものです。

ありがたいことに、現在週に6日はお仕事をさせていただいていて、うち2日は京都府の施設で嘱託医として働き、残りの4日は自分のクリニックへ通っています。
健康や体力維持のために特別なことはしていませんが、日々の生活を利用した筋力トレーニングは、長く健康でいるための秘訣《ひけつ》です。

鞄《かばん》を抱え、同居している次女が作ってくれるお弁当を持って、ひとりで家を出て、最寄りのバス停までの３００メートル弱の道のりを歩いてバスに乗り、クリニックの近くのバス停で降ります。そして、またクリニックのあるビルまで歩きます。

タクシーを使ったり、迎えにきてもらったりはしません。ラクをしたぶん、自分の体力が落ちるのですから、あたりまえのこととして毎日歩くのです。

年齢を重ねるごとに「体力が落ちた」と感じる人は多いと思いますが、実際に、人の筋肉というのは、20代が最大で、30歳を過ぎると徐々に減少していき、10歳年をとるごとに5～10％筋力が低下すると言われています。

普通の生活を送っていても、筋肉が減りやすくなりますから、注意が必要です。もしも、つまずきやすいとか、立っているのがつらい、疲れやすい、猫背のほうがラクというような状態であるなら、１日のうち少しでも歩くようにしてみてください。

若返る歩き方というのがあります。早歩きを3分、ゆっくり歩きを3分、それを毎日30分程度続けること。自分にできる範囲で続けてみてください。歩くことがあたりまえになるように生活のリズムを整えることも大切です。

23

とっておきの「靴」を選ぶ

普段履く靴を、すぐに思い出せますか？自分に合うよい靴は、人を活動的にします。

よい靴は、履いている人を快活にし、行動的にしてくれる魔法のようなものです。

ビジネスをしている人の間では、靴がその人を語ると言われることもあるようですが、年齢を重ねてからの靴選びこそ、大切にしたいものです。履きやすい、歩きやすい靴を履くということは、転倒しないお守りを持っているようなものですね。

私は普段履いている靴はBAR（ベアー）のものです。ドイツのメーカーだそうですが、同じものを何度も買い換えて、ずっとこの靴を履いています。

外に出れば必ずお世話になる靴ですから、自分の足に合った靴を選ぶことはとても大切です。とくに高齢になると、長年の歩き方や使っていた靴によって、扁平足《へんぺいそく》や外反母趾《がいはんぼし》などの変形があることが少なくありません。

また、糖尿病の人は靴ずれでの小さな傷でも治癒しづらかったり、人工透析の人はむくみやすかったり、病気によっても、足のトラブルが多くなります。

これまで靴に関心を持ってこなかった人も、健康寿命を延ばしたいという人も、靴の選び方に真剣になりましょう。履きやすいからといって大きめのサイズを選んだり、かかと部分がやわらかいものを選ぶと歩行にとっては悪影響です。

人生を通じて健康に歩くための靴は、命綱のような大切な存在です。かかとが安定していて、靴底はある程度の硬さがあるもの。つまずきを防ぐために、少し爪先が上がっているもの。滑りにくい素材のものを選ぶようにしましょう。

24

自分の「健康法」をつくる

爪もみをするのが日課です。
毛細血管が密集している
指先から、
自律神経を整え、
血流を改善します。

日常生活でできる自分なりの健康法を続けることは、とても大切なことです。
私の場合は、通勤時の早歩きと振動タイプの筋力増強機器の他、ついでにできる健康法を求めて、さまざまな文献に目を通し、インターネットで検索する毎日です。

なかでも、私が日々実践していて、自信を持って患者さんにもおすすめしているのが「爪もみ」。免疫学者の安保徹《あぼとおる》先生の本で知ったものですが、簡単にできて、自律神経が整うので、1日に1、2回、私はバス待ちの時間に必ず行うようにしています。

やり方は簡単で、手指の爪のつけ根を左右両側から、押すようにもむだけ。強さは「痛気持ちいい」くらいを目安にして、1本の指につき10秒ずつ押します。

ここには「井穴《せいけつ》」というツボがあって、東洋医学では、自律神経を調整するツボとされています。指によってさまざまな効果が期待できます。

親指はアトピー性皮膚炎や喘息《ぜんそく》、人差し指は胃潰瘍などの消化器系、中指は耳鳴りなどの耳の機能、薬指は交感神経を刺激し、小指はうつ症状やアレルギー症状、物忘れや不眠、高血圧、肩こり、頭痛、頻尿などに効果があります。

指先には毛細血管も密集していますから、爪もみで、血管の血流が促されます。

これは、自分で見つけて「これをやると調子がいい」と実感している、自分なりの健康法である、ということもポイントです。自分で見つけ、自分でやってみて効果を感じ、続けていること。それは、自分の心をポジティブにしてくれます。実際に気の流れもよくなり、効果は倍増です。

25

お金より「筋肉」をためる

「貯金より貯筋」は本当です。
脳を健康に保つためにも、
筋力はとても大切です。

高齢になるに伴って筋肉量が減少し、身体機能が低下することを「サルコペニア」と言います。筋力の低下は健康寿命を損なう原因のひとつです。

筋力低下により、歩く、立ち上がるなどの基本的な動作がしにくくなると、外に出るのが億劫になり、ますます筋力低下に拍車をかけます。動かなくなると脳への血流も減りますし、人と関わらなくなると、会話が減り、会話が減ると認知機能の低下につながります。

筋肉量の減少は、筋力は健康に長生きするためには不可欠と言えるでしょう。

筋肉量の減少は、70歳を超えてから自覚症状が出るという人が多いのですが、65歳以上の高齢者の15％ほどはサルコペニアに該当するという研究結果もあります。

でも、筋肉は、年齢を重ねてからも鍛えることが可能です。

私は、通勤時の他、時間に余裕があれば、いつもより多めに歩きます。加えて、クリニックで仕事をはじめる前に、次男がくれたエクサビートという振動運動を行うフィットネス器具に足を乗せて10分程度エクササイズをしています。気軽にできるので、文明の利器をうまく活用するのは便利だし、効率的でいいなあと思っているところです。新しいものも、毛嫌いせずに上手に活用したいですね。

年齢を重ねてからの激しい運動はおすすめしませんが、軽いストレッチをしたり、座ったままできる、太ももや腹筋を鍛えたりするトレーニングもあります。食事では、タンパク質をしっかりとるようにしましょう。

26

「朝ごはん」をきちんと食べる

「朝ごはんを食べましたか?」

1日3回の食事を大切にすること。

とくに、タンパク質は意識して。


私はクリニックにいらっしゃった患者さんに、まず「朝ごはんは食べましたか」と聞きます。続けて「食事はどのようなものを、どんなふうにとっていますか」と伺います。私の経験では、朝食を食べていない患者さんはとても多い印象です。

私が食べたものや食習慣について聞くのは、精神の不調には食べ物が大きく関わっているからです。

精神的に落ち込むときというのは、タンパク質や鉄分、栄養が足りていないことが多いのです。私は、医師を離れていた時代に女子栄養大学の通信課程で学んだ経験から、栄養について、栄養学と漢方の視点でみなさんにアドバイスをしています。

不安障害や適応障害などのストレス性の症状が、からだの中の栄養不足や内臓疾患からきていることもあります。反対に、「身体表現性障害」という痛みや吐き気、痺《しび》れなどの身体症状や、うつ病の一部では、心の状態が先に身体に現れます。

一般的に、日本人には足りていないと言われるタンパク質を多く摂取するようにするだけでも、なんとなく調子が悪いという状態がよくなることもあります。

一方で、一般的にからだによいとされているものが、その人に合わないということもあります。「腸活」という言葉が流行したように、腸内環境を整えることは大切なことですが、一様にヨーグルトを食べると健康になる、ということではありません。過敏性腸症候群などの場合は、発酵食品を摂取することによって状態が悪くなることもあります。自分のからだには何が合うのか、合わないのかを知ることが大切です。

27

「青魚」を食べる

青魚を食べるようにしています。
魚を食べる国ほど
うつ病が少ないとされ、
心の不調が回復すると
考えられます。

うつ症状や悲哀症状のある患者さんに対して、青魚のオメガ3系脂肪酸などをとるようにお伝えすることがあります。

オメガ3系脂肪酸は、体内ではつくることができず、食べ物から摂取する必要がある必須脂肪酸です。もともと、魚に多く含まれるので昔の日本人は摂取できていましたが、近年魚の消費量が減ってからは不足しがちです。

近年の研究で、オメガ3系脂肪酸に不安を軽減する効果があることがわかってきています。身体疾患や精神疾患を抱えている人にはとくに効果があることも認められています。

ある60代の女性が「親友の夫が亡くなってしまい、自分のことのように悲しい」と訴えられ、「自分も夫を亡くしたらどうなるのだろう」という不安を抱えて来られました。

診察した結果、気が不足している気虚の状態でしたので、気を補う漢方薬を処方しました。そのうえで、「オメガ3脂肪酸やオメガ6脂肪酸を摂取してください」とお伝えし、様子を見てもらいました。すると、その後しばらくしてうつ症状が改善し、元気になられました。

オメガ脂肪酸は認知機能の低下の抑制にも効果があるという結果が出ていますから、脳と心の健康を守るためにも、積極的に摂取するようにしたいものです。

28

「食養生」の知恵を借りる

食べるものは「薬」にもなります。日本の伝統文化が教えてくれる「食養生」の知恵を借りましょう。

東洋医学での考え方は、心身の不調を「自己治癒力の減退」と考えます。

そして、自己治癒力を整えることを「養生」と言うのですが、からだを休めたり運動をしたりする「体養生」、リラックスしたり心が穏やかになる工夫をする「心養生」、食生活を整えることで心身の機能を回復させる「食養生」があります。

バランスのよい食生活が大切ですが、日本人は昔から、日本人のからだに合った食養生を行ってきました。覚えていてほしいのが「まごわやさしい」の合言葉です。

「ま」は、豆類のこと。なかでも大豆は、イソフラボンが豊富です。

「ご」は、ごまを表します。セサミンが大事です。

「わ」は、わかめなどの海藻類。カルシウムや食物繊維をたくさん含んでいます。

「や」は、野菜を表します。なかでも、緑黄色野菜が大切。

「さ」は、魚。青魚にはオメガ3系脂肪酸がたくさん含まれています。

「し」は、しいたけなどのきのこ類。ミネラルやビタミン、食物繊維が豊富。

「い」は、芋類です。

日々すべてを補えないにしても、意識しておくだけでも食生活は変わります。

私はといいますと、これらのバランスに留意しながら、加えてらっきょうを必ず食べるようにしています。らっきょうには疲労回復効果や血行促進効果、殺菌作用、高血圧やむくみをとる効果などがありますから、夜食べるのがいいですね。

昔からの食の知恵をぜひ取り入れてみてください。

29

からだの「声」を聞く

甘いものを食べ続けてしまうときは、タンパク質不足かもしれません。からだは必要な栄養素を教えてくれます。

健康のために過度な食事制限をすることはおすすめしていません。多少のジャンクフードも、楽しみのために食べるのであれば問題ないと思います。私は、駄菓子コーナーで見つけたかわいらしいお菓子を買うこともありますし、孫と食べるケンタッキーフライドチキンは好物のひとつです。

ただし、特定のものをやたら欲してしまうようなときは、本来あるべき何かしらの栄養素が「足りていない」と考えてみる必要があるかもしれません。

「甘いものが強烈に食べたくなるのは、からだが必要としているからですか？」と聞かれることがあります。甘いものを強烈に食べたくなるときは、糖分が不足しているのではありません。実は、タンパク質が足りていないことがほとんどです。

タンパク質は、からだをつくるために必須の栄養素です。不足すると、筋肉が減って疲れやすくなったり、免疫機能などが低下したりして病気にかかりやすくなります。脳内の神経伝達物質をうまくつくり出せず、エネルギーに変わりやすいブドウ糖で手っ取り早く栄養を補給しようとします。そのために甘いものを欲しがるようになることがあります。

人のからだは本能的に必要な栄養素を摂取しようとしているものなのですね。

漢方薬は栄養素ではありませんが、「漢方薬って苦いでしょう？」と言われた方が、「おいしくて驚きました」とおっしゃることがあります。これは、漢方薬が突然甘くなったわけではなく、からだが必要としていたから。からだは教えてくれています。

30

「命の入り口」を健康に保つ

よく噛みましょう。口は、命の入り口、健康長寿の要です。

食事が大切だということはすでにお伝えしましたが、食べ方、つまり食べ物を口に入れたときにしっかり咀嚼《そしゃく》することも非常に大切です。

咀嚼をすることで唾液の分泌が促され、食べ物を歯でよくすりつぶすことで消化液がまんべんなく行き渡ります。

また、顎を動かすためには咀嚼筋だけでなく頬や唇、舌などのすべての筋肉を動かすため、口の周りは多くの神経が張りめぐらされています。飲み込むときも、舌筋《ぜつきん》や舌骨筋群《ぜっこつきんぐん》などたくさんの筋肉が連動して動きます。これらはすべて脳からの指令によって動かされていますから、よく噛むことで脳の働きは活性化します。

年齢を重ねると、「認知症になるのではないか」と恐れる人も少なくありませんが、「よく噛むこと」を含めた生活習慣の改善によって脳を活性化させることでそのリスクを減らすことができます。記憶の司令塔とも言われる海馬《かいば》を刺激するため、短期記憶が定着しやすくなり、認知症のリスクを軽減すると言われています。ストレスを軽くし、心を安定させるセロトニンの分泌が増加することも確認されています。いいことばかりですね。噛むことは脳の健康維持に欠かせないトレーニングだと思って、よく噛んで食べるようにしましょう。

また、加齢とともに食べ物を飲み込みづらくなったり、むせることが多くなったりしているならば、早口言葉や、首や口まわりのマッサージ、歌を歌うなどして、嚥下《えんげ》機能の回復に努めましょう。

31

「自分の歯」でいただく

死ぬまで自分の歯で
暮らしたいものです。
毎日の歯磨きは、
歯間と歯茎を意識して。
食べることは、生きることです。

歯科医だった夫は、自身や家族の口腔ケアについて、あまり口うるさく言うことはありませんでした。自分は毛が摩耗するほど同じ歯ブラシを長期間使っていましたし、子どもたちには「歯並びは性格の表れだよ」なんて冗談みたいなことを言い、虫歯こそ治療するものの、矯正の話もあまりしなかったように思います。

ただ、患者さんには真剣。いつもお伝えしていたのは、「やわらかいブラシを使ってくださいね。ゴシゴシと表面を磨くのではなく、歯と歯の隙間をしっかり掃除するように磨いてください」ということでした。

人生100年時代に健康寿命を保つことを考えると、30代からの口腔ケアは不可欠です。1989年から、「80歳になっても20本以上の歯を保とう」という8020運動が、厚生省（当時）と日本歯科医師会によって推進されていますが、これは、歯が20本残っていれば咀嚼が容易であるという理由からです。

日本歯科医師会で65歳以上の人を対象に調査したところ、残った歯が多い人ほど寿命が長くなるという結果が発表されていますが、30代の時点で歯周病にかかっている人は3人に2人と言われています。

歯周病は、認知症の発症や心疾患、糖尿病にも影響があるという研究結果も出ていることから、口腔ケア全体が健康寿命に大きく影響することは間違いないでしょう。

日々の丁寧な歯磨きは、感染症の予防も期待ができます。表面を磨くのではなく、歯間の掃除。そう言っていた夫の声を今でも思い出します。

32

「一病息災」で生きる

人生後半は、無病息災より
一病息災。
年齢を重ねてなお完全を
求めるより、
今あるものに目を向けて、
感謝の毎日を過ごしたいものです。

神社のお守りにあるのは「無病息災」ですが、年を重ねたら一病息災だと思います。一病息災とは、「ひとつくらい病気があるほうが、かえってからだのことを気遣うことができて、結果長生きもできる」という意味です。

病気になったり、心が疲れ果てて起きられなくなったり、年齢を重ねてできないことが増えてはじめて、「ああ、健康って素晴らしかったんだ」「自分に無理をさせてたんだな」と気づくわけですが、年をとって持病が出てきたり、飲む薬が出てくると、健康に気を遣うようになります。病院にも通うので、新たな病気を早く見つけることができて、結果長生きできる――というわけです。

無病息災ではなく一病息災。病気にならないようにすることも大切ではありますが、病気になったからといって自分を放り出したり、人生をあきらめたりすることはありません。そのままの自分をいたわりながら、生きていきたいと思うのです。

私はおかげさまでこれまで大病はしていませんが、70歳を越えて膝を痛めたことから、正座ができなくなりました。大学時代は茶道部でしたので、お茶会に顔を出せなくなったのは残念でしたが、それまで以上に慎重にいたわるようになりました。

年齢を重ねていくうちに、誰もが皆、どこか調子が悪い部分を抱えるようになります。年齢を重ねてもなお完全でいようとしなくていいのです。

人は、ないものではなく、あるものを見ることができたら、自然と自分に「ありがとう」を伝え、いたわることができるのだと思います。

33

眠れなくてもよしとする

睡眠は大切ですが、
眠れないことがストレスに
なってはいけません。
「眠れなくても大丈夫」
という気持ちも携えて。

これまでたくさんの患者さんに接してきましたが、不眠の悩みは本当に多いものです。どんな年代の人にも多く見られる症状なのですが、年を重ねてくると自然と眠りが浅くなってくる傾向があります。

「年をとったから仕方がない」という声も聞きますが、睡眠がうまくとれていないと、心身のバランスが崩れてしまいますから、やはり、養生が必要ですね。

1　日内リズムを整えてそれに則る
2　眠る直前には入浴しない
3　食事は決まった時間にしっかりいただく
4　音楽でリラックスできるなら、ＢＧＭを大切にする
5　入眠薬を使う場合は、短時間作用のものを利用する

　これらを実施するだけでも睡眠の質は変わってきます。

　私も開業当時、寝られない日が続き、不安が募りましたが、これらの快眠法の他、爪もみをしたり、足裏をもう片方の足でマッサージするといったことを試すと同時に、あまり気にしすぎないことを意識しました。今も、柴胡《さいこ》加竜骨《かりゅうこつ》牡蛎湯《ぼれいとう》という漢方薬を就寝前に服用することもあります。比較的朝までぐっすり寝ています。

　私の寝具は、低反発のベッドに低反発の枕。眠れないことを否定的に見るのではなくて、自分のよい眠りを興味を持って探してみるほうがいい気がしています。

34

自分を責めない

怒りやイライラが
収まらないときには、
いくつかの原因があります。
栄養不足、睡眠不足、運動不足を
まずは考えてみましょう。

職場のストレスや家族間の人間関係のトラブルで、怒りを抑えきれない方がいます。教育現場や医療関係の方、一般企業の方など、さまざまなお仕事に携わる方がクリニックにお越しになります。どの業種でも、責任ある立場であったり、家庭内で自分だけが頑張らなくてはならない状態、我慢が続いている場合、イライラしたり、心がざわついている方が多いように思います。

「同僚が仕事を押しつける」「嫁が孫に全然会わせてくれない」など、状況をとうと話されることもありますが、私はあえて淡々と、「ごはんはしっかり食べておられますか？」「睡眠はしっかりとっておられますか？」とお尋ねします。

なぜなら、その怒りの原因は、怒っている対象の問題ではなく、多くの場合は、栄養不足や睡眠不足、運動不足の場合も少なくないからです。

また、年齢を重ねた方が、怒りっぽくなってちょっとしたことで暴言を吐くようになることがあります。怒りは認知症の初期症状でもあるのですが、そうでなくても、加齢によって脳の機能が弱ってくると、感情の抑制力も弱まっていきます。

これらの場合も、漢方薬がよく効きますが、脳細胞の健康を保つには、脳血管を健康に保つことが大切です。

魚の脂に多く含まれるDHA（ドコサヘキサエン酸）やEPA（エイコサペンタエン酸）などのオメガ脂肪酸を積極的にとるようにしましょう。私も日々摂取を心がけています。

35

「隠れストレス」を見つける

環境が変化するとき、
たとえ絶好調に感じても、
心身にはストレスということも。
からだの変化に敏感に
なりましょう。

環境に変化が生じたときというのは、本人に自覚がなくても、知らず知らずのうちにストレスがかかっているものです。89歳でクリニックを開業したとき、前向きな性格の私も、プレッシャーを感じていたようで、一時、胃潰瘍になりました。

すぐに病院にかかって胃カメラ検査後、薬をもらいましたが、しばらくは食欲が落ち込み、胃の痛みに苦しみました。また、ストレスで抜け毛も増えて、やはり、心とからだは深くつながっているのだと、身をもって実感しました。

新たな環境を望んでいたわけではなくても、ここ数年はコロナ禍で、環境の変化を余儀なくされた人がたくさんいますよね。

有事だからといって、「みんなが我慢しているのだから」「こういうときだから仕方がない」と、自分のつらさや不安を無視して頑張りすぎてしまうと、ある日突然、家から出られなくなったり、動けなくなったりします。

実際、そうなってから、ようやく私のクリニックにやってくる方も少なくはありませんでした。

私は、お越しになった方にまず、「今日の調子はどうですか」「今日はどんなふうに感じていますか」と問いかけますが、同じことを普段の自分に声かけしてほしいと思います。

小さな不調は小さなうちに解消すること。

そして、誰よりも自分が、自分のことを気遣ってほしいと思うのです。

36

「小さな不調」に慣れない

元気だと、人はつい無理をしてしまいます。無理を続けることや、小さな不調に慣れてはいけません。

心もからだも、毎日丁寧に扱って、疲れたら休み、どこかが痛んだらケアをして整えながら生活していくのがよいと思います。
人は元気なうちはつい無理をしてしまって、自分が頑張っていることに気づきにくいものです。少しずつ悪くなっていくと、「ちょっと疲れているだけかも」と、疲れた状態にすっかり慣れてしまい、気づかぬふりを積み重ねてしまいます。

以前、「今日なんとか診てくれないか」と午後診療の最後に来院された患者さんがいらっしゃいました。「心療内科や精神科にはかかりたくないと思って、ずっと我慢して頑張ってきたけれど、もう耐えられない」ということでした。私が漢方について説明しても、「そんな難しいことを言われてもわからない」とかなりイライラが募っているご様子。

血圧が200を超えていたので、それも原因のひとつと考え、漢方薬を処方しました。一カ月程度の自宅療養をしていただき、服薬励行をお願いしました。おそらく、もう少し受診が遅かったら、倒れられていたのではないかと思います。

東洋医学の特徴として、未病に働きかけることができるということがあります。未病とは、病気になる一歩手前の「なんだか調子が悪い」というような状態です。この時点で足りない活力を漢方薬で補ったり、乱れた自律神経を整えたりすることで、病気になってしまう前に、元気を取り戻すことができます。

自分の疲れ具合や、いつもと違う心身の様子に敏感でいてほしいと思います。

37

ときどきは「無理にでも」休む

忙しさで心を
亡くしてはいけません。
半強制的にでも、
ときには自分を
休ませなくてはなりません。

好きなことに夢中で忙しいのであれば問題はないのですが、自分の許容量を超えてオーバーワークになっているのに、立ち止まれないという人がいます。

忙しいことが明らかに不満、やっている仕事がとにかく苦しいのに、やめられないとなると、これはひとつの中毒、依存症状です。

こうなってくると、焦燥感に苛《さいな》まれて、片付けられることも片付けられなくなりますし、仕事は次々と生まれ、終わりがないのですから、延々と暗いトンネルの中を進んでいるような状況に陥ってしまいます。

以前、学校にお勤めの先生が来院されました。月に80時間以上の時間外労働が重なってうつ症状があり、学校医から心療内科受診を勧められて来院されました。

自宅療養を勧めましたが「休めない」ということで、「せめて2日勤務して1日休むようにしてください。なかなか人にお仕事を任せられないかもしれませんが、少しずつでも任せるようにしてください」とお伝えして診断書をお出ししました。

その後、「誰にも安心して任せられないと思っていましたが、任せるしかないと思ってやってみると、少しだけ、『任せられることもある』と思えるようになりました」とおっしゃっていました。

もしも仕事のことで頭がいっぱいになっていて、「誰にも任せられない」「すべて自分の責任」と思ってしまっているのなら、人の手を借りてでも、自分を一旦停止させ、いたわる必要があります。自分にブレーキをかけられるのは自分だけなのです。

38

「逃げ道」をつくっておく

心とからだが限界を超える前に、スッとその場所から離れられる「隠し球」を持ちましょう。「逃げ道」をもっと前向きにとらえていいと思います。

「逃げ道」を用意しておくということが大切だと感じることがあります。日本人の美学として、「困難を乗り越えることこそ素晴らしい」という考え方があるように思いますが、それは、あくまでも、よい環境で、自分の心身が健康的に機能しているという前提があっての話です。

「この会社を辞めたら他に行くところなんかありませんから」「私がいないと回らないんです」「逃げてはいけないですよね」「責任があるので辞められなくて」――診察室でそうおっしゃる方には、「本当にそうですか？」と問います。

自分の心身が壊れてしまう前に、自分を安心できる環境に連れていくことは人生の大切な選択です。

目の前の過酷な環境や自分のつらさを見て見ぬふりをするのは、仕事やその環境からは逃げていなくても、自分自身からは逃げているということだと思うのです。

「これがダメでもこっちがある」と、逃げ道を持っておくことは、「人生の大切な隠し球」を持つことであり、軽やかに生きる技術でもあります。

「ここしかない」「これを成し遂げないと先がない」と思うよりも、「いざというときは、次の場所に行けるから大丈夫」という道があれば、リラックスして目の前のことに取り組めます。いい結果も出て、結果的に逃げなくてもいい状態を生みます。

「逃げ道」という言葉を、もっと前向きに、肯定的にとらえてみるといいですね。道は多いほうがよいはずです。

39

きちんと「脳」を休める

脳が必要としているのはメリハリです。
忙しい人ほどきちんと自分を休ませる。
休むことも大事な仕事です。

毎日仕事が忙しく、朝から晩まで長時間労働で、からだに不調が現れたという方がクリニックにお越しになりました。とてもお忙しいお仕事ですね、と聞くと、「とにかく毎晩遅くまで仕事が終わらなくて」とおっしゃいます。

過労気味の方の話を聞いてみると、多くの人が、この方のようにいつも仕事のことで頭がいっぱいで、家に帰っても深夜までお仕事の続きをしているようです。

お仕事で成果をあげることは素晴らしいことですが、「1日中やらなければ終わらない」という思い込みで働いていると、仕事が定時で終わることはありません。それどころか、徐々に「仕事をしている」という状態に依存してしまって、デスクの前に座っているだけで安心してしまい、仕事はしだいにはかどらなくなります。

脳は、時間の制約があることによって活性化されます。

勉強も、時間に制約があるからこそ、集中して取り組めるわけです。逆にずっと忙しい状態にいると、脳はどんどん怠けようとして集中力を欠くといいます。

私は補中益気湯《ほちゅうえっきとう》を就寝前に服用してもらうよう処方し、「きちんと自分を休ませること」をお伝えしました。具体的には、来週は必ず1日休みをとり、脳を休める時間を強制的にでもつくることです。休めば、脳がまたやる気を出してくれます。

仕事の中に人生があるのではなく、人生の中の一部が仕事。そんな意識で、忙しいときほど、自分に「生活」や「日常」を取り戻してみてください。

40

「あるものだけ」を見る

できないことは忘れて、

「今あるもの」「今日できること」

を見る。

生きることのすべてに
通じる気がします。


最近は、検査の精度が上がり、あらゆる不調にすぐに〝病名〟がついてしまう時代になってしまいました。アレルギーなどの現代病も増えてきていますから、まったく何もなく健康でいる人のほうが珍しいかもしれませんね。

これまでは加齢による自然現象だったものが「病気」と診断され、より不安が募ったり、服薬が増えてからだに負担がかかったりする場面もあります。

こんな時代の中で、不調だけに目を向けてしまうと、急に自分を不幸せに感じてしまうこともあるでしょう。

今日できること、今日動いてくれるからだのありがたさのほうに目を向けながら、調子の悪い部分は少しずつ整えていく。不調があるからこそ、健康のありがたみがわかるというのも事実だと思います。

年齢とともに、自分の心身の状態が変わり、できることも変わり、必要なケアも変わってきます。「まだ若いからどうにでもなる」「自分はまだまだ大丈夫」と過信して、心身のメンテナンスを怠ると、錆《さ》びてしまったからだが悲鳴をあげることになります。

自分の状態を気にかけて、運動をして、栄養をとって、日光に当たって、それでも調子が悪いなら、漢方薬で整えたり、必要に応じて西洋薬を織り交ぜたり、そうして生き延びていく。

私自身もこんなふうに、与えられた生命をまっとうしていきたいと思っています。

41

「医者」と「薬」は上手に使う

更年期障害を
放置しないでください。
仕方ない、であきらめない。
病院や漢方を上手に
使ってください。

以前は婦人科で診ていた、月経前症候群（ＰＭＳ）や月経前不快気分障害（ＰＭＤＤ）を精神科でも診るようになってきたのは最近のことです。

ＰＭＤＤは、ＰＭＳの諸症状のうち、イライラや気分の落ち込み、不安、怒りっぽくなるなどの精神症状が強いものを言います。ＰＭＤＤと呼ばれるようになったのは比較的最近です。２０１３年に抑うつ症状群のひとつとされるようになりました。

女性の更年期は40代中盤から50代中盤と長く、その間、家族間や仕事の人間関係、親の介護問題、子どもの受験など、社会的な要因によって症状が悪化する人も少なくありません。症状は個人差も大きく、周囲に理解されにくいという問題があります。

生理のたびに強い焦燥感や抑うつ気分を感じるという方がクリニックに来られました。「月経前症候群ですね」とお伝えしたところ、「母から、『女性の生理というのは、そのときにさまざまな感情の変化が起こるものだ』と教えられて育ちました。生理によって、気分の変化が起きるのは仕方ないのだ、と。だから、ひどい焦燥感や抑うつ気分が実は病気で、薬で対処できるものとは思いませんでした」と驚かれていました。こんな方は結構いらっしゃって、薬によって症状が軽減した例はたくさんあります。

他にも、自分では制御できないほどの怒りを夫や子どもにぶつけてしまって、落ち込んだり、日常生活が送れないほどの不安を抱えたり、「消えてしまいたい」という思いに悩まされている人もいますが、こんな症状には漢方薬が効くことも多いのです。放置せず、薬を上手に使ってほしいと思います。

42

「歴史」がはぐくむ叡智《えいち》を知る

どこに行っても治らなかった症状が漢方薬で治ることもあります。

私は、映画などはすぐに飽きて観るのをやめてしまうのですが、漢方のことになると、まったく疲れ知らずで、何時間でも集中することができるから不思議です。

漢方薬についての論文や本を読んだり、動画配信で講座を受講したり。以前は学会への出張もしばしばでした。学んだことが、どこかで患者さんの症状とつながると実感しているからでしょう。私の漢方への探究心は、年々広く深く増すばかりです。

以前、精神科の病院に勤務していたときのことです。統合失調症の患者さんが、おもしろくもないのに笑いが止まらないということがありました。同室の方の肩を次々とたたいて回っては笑いころげた末、疲れ果てて寝てしまうという、「喜笑《きしょう》」という珍しい症状でした。

当時、精神科医として、すでに西洋薬と漢方薬との両方を処方していた私は、過去に目を通した文献の黄連解毒湯《おうれんげどくとう》の効能の中に、「喜笑止まざる者を治す」とあったことを思い出しました。処方してみると効果てきめん。それまで、さまざまな西洋薬を処方しても効果がなかった症状が治まり、みんなでほっと胸をなでおろしました。

漢方薬の効果についてはいまだ、科学的に解明されていないことも多々ありますが、中国4000年の歴史の中で培ってきた知恵には驚かされます。そして、いまだに研究が続いているのですから、私も歩みを止めるわけにはいかないと思うのです。

漢方専門医でいるためには、5年ごとに臨床報告を出し続けなくてはならないのですが、それも可能な限り続けながら、お役に立ちたいと願うばかりです。

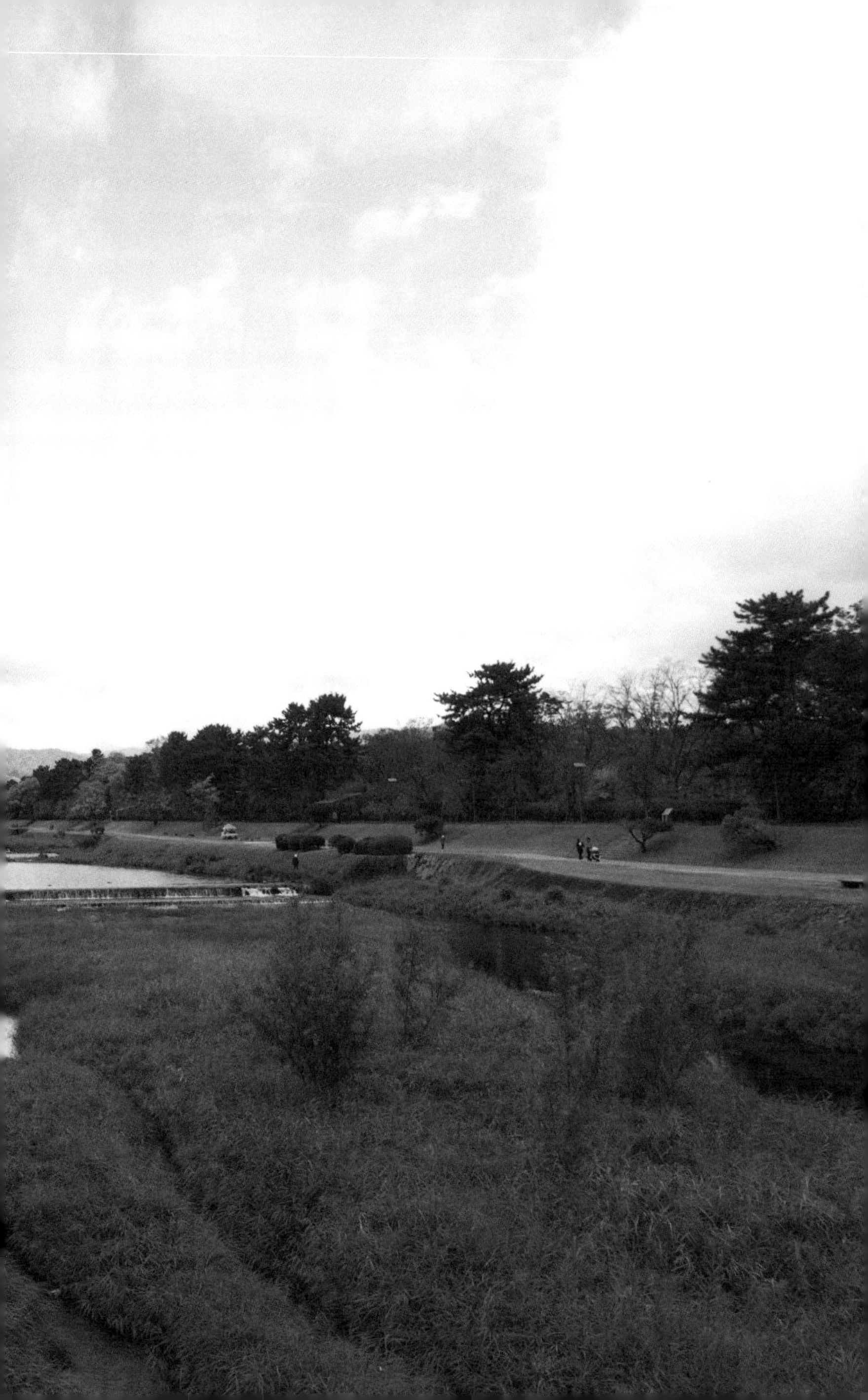

3章

「過去」はほどよく忘れる

43

「経験」を忘れる

経験を相手をやりこめる
「剣」にしない。
ものごとをおおらかに見るための
「羅針盤」にしましょう。

「年をとって丸くなった」と言われる人がいるかと思えば、「年をとって頑固になった」と言われる人がいます。

年をとって丸くなったと言われる人は、人生の中で、たくさんの経験を重ね、試練を乗り越えてきた人。何が起きても、何を言われても、突発的に反応せずに、落ち着いて「そういうこともある」とおおらかにとらえられるということでしょう。

一方で、年齢を重ねたときの頑固さというのも、経験の多さからきていることがほとんどです。「自分はこんなふうにやってきた」「自分の時代はこうだった」と、自分の経験を、ものごとの判断基準のすべてにしてしまうために、はたから見ると、「融通のきかない頑固な人」と思われてしまいます。

クリニックにいらっしゃるご高齢の方の中にも、「この症状に漢方が効くのですか？　さっそく試してみますね」と喜んで試す方がおられるかと思えば、ご自分が飲みたい薬だけ、あるいは、合うと思う薬だけしか飲まれない方や、疑心暗鬼でお飲みになる方もいらっしゃって、千差万別です。

「しなやかな方だな」と自分も見習おうと思ったり、反対に、「その頑固さはもったいないなあ」と反面教師に感じたりすることもたびたびです。

人生の経験値というのは、かたや相手を受容するためのおおらかさになり、かたや相手を打ち負かすための屁理屈にもなりえます。どちらを選んで生きていきましょうか？

44

「よかった過去」もほどよく忘れる

いいことも悪いことも、ほどよく「忘れる」ほうがいい気がします。過去の勲章を常に身につけておくより、「そんなことより、今」とサラリと生きる姿に憧れます。

自分の失敗や、誰かの失敗。悪いことをいつまでも引きずらないのはもちろんですが、過去のよかったことすらも、ほどよく忘れるくらいのほうが、人生を楽しく歩ける気がしています。

過去のすごい功績、実績、経験。もちろんそれは時間をかけて自分が積み上げ、磨き上げた宝であることは確かです。でも、それをいつまでも勲章のように胸元に身につけておくよりも、「そんなこともありましたね」と、ときどき、言われて思い出すくらいがちょうどいい気がします。

自分の意識は、過去ではなくいつでも「今」に向けていたいと思うのです。

30年以上にわたり、病院やクリニックで精神科医として勤務し、多くの患者さんと接してきましたが、今の私の気持ちは、「そんな精神科医としての実績はさておき」というのが正直なところです。今は漢方薬を主として心の病気を治療するという、新しいチャレンジの真っ最中だから。目の前の患者さんがどうしたらよくなるかを、日々懸命に考え、実践することで頭がいっぱいです。

いいことも、悪いことも、過去はなるべくカラッと忘れて、いつだって新しいことに挑戦している、「今」がある人でいたいな、と思っています。

45

「失敗」は動いて忘れる

失敗したと思ったら、
挽回《ばんかい》のために動くこと。
動くうちに失敗を
忘れていることも。
誰かの失敗も忘れてあげて。

誰にでも失敗はつきものですから、失敗したらすぐに気持ちを切り替えて「じゃあこれからどうするか」を考え、動くことです。
大切なのは、失敗を避けることではありません。失敗をしたときに、自分をすぐにゆるせるかどうかだと思います。

自分のことをゆるせない人は、ずっと自分を責め続けます。すると「あのときこうしていたら」「また失敗したらどうしよう」と、過去と未来ばかりに意識が向き、今に集中できずに、心は疲弊していきます。

私自身は、最近ではこんなことがありました。任天堂スイッチのCMを見て、孫たちが仲よく遊んでくれたらと、プレゼントしようと思い立ちました。「家にある？」とだけ聞いたところ「持っていない」との返事。でも、いざ贈ったところ、高価すぎるというのと、もっと安い方法で購入しようとしていたのに、と叱られてしまいました。

孫たちの喜ぶ顔をという一心でしたが、相手の事情を汲《く》まずに先走ったことを少し反省しました。でも、あまり気にしない私は、そのことすら、忘れてしまっていました。思い返すと返品はされなかったので、実際は使って楽しんでくれているのかもしれません。

また、自分の失敗はもちろん、誰かの失敗も、忘れるに限ります。失敗したとき、一番落ち込んでいるのは本人ですから、そこにさらに矢を放つ必要などありません。

46

「心配」もほどよく忘れる

過去は動かせず、
未来はわかりません。
でも、「今」だけは
コントロールできます。
未来の心配は「保留」にして、
今できることだけに集中します。

私のクリニックも開院から1年たち、日々、患者さんにお越しいただけるようになりましたが、開院して最初の数カ月は、患者さんがゼロの日が続きました。
もちろんまったく不安がなかったと言えば嘘《うそ》になりますが、患者さんのいないクリニックで、私は毎日漢方の本などに目を通したり、新しい症例や論文を調べたり、オンラインでの講義に参加したりして、患者さんのためになることを淡々とやっていました。

そしてポツリポツリといらっしゃるようになった患者さんに真摯に向き合っているうちに、少しずつ患者さんが増えていきました。

人が不安を感じたり、心配したりしてしまうときは、ほとんどの場合、先のことをあれこれ悪いほうへ考えてしまっているときです。

先のことはどうなるかわかりません。未来のことは、誰にもわからないものです。だから、心配や不安な気持ちになったら、その心配や不安を「保留にしておく」というのはどうでしょうか。そして、今日やらなくてはならないこと、未来のためになる小さなことを淡々とやるのです。

「今」の積み重ねこそが未来をつくります。

その「今」が動けずに悩んでいるのなら、漢方薬で心の不安を少し軽くすることもできます。今の自分に何をしてあげられるのか、考えて動くことができるのは、自分だけなのです。

47

「不幸せ」は適度に忘れる

幸せは「比率」では決まりません。
今ある不幸せをゼロにしなくても、
今手元にある「ありがたさ」を
受け取るだけで幸せになれます。

診察室で多くの方とお話ししていると、「幸せ」って何だろうと思うことがあります。「転職をすれば幸せになれる」とか「夫に大切にされないから不幸せ」とか「子どもが定職につかないから不安」とか、不幸せを誰かのせいにしたりして、自ら幸せを失っているように感じてしまうときがあります。

長く生きてようやくわかってきましたが、幸せというのは条件や環境によって決まるのではなく、すでにあるものを自分が見つけて実感するもののような気がします。

何かが手に入らない限り不幸せ、という考え方でいると、ないものにばかり目が行ってしまい、幸せを感じることができなくなります。理想の仕事や夢、やりたいこと、パートナー、理想の親、車、家、学歴……と、今自分の手の中にないものを挙げはじめるとキリがありません。

もちろん、今手に入っていないものに向けて、努力したり、頑張ったりするのは悪いことではありません。でも、手に入るまでの間、「まだ手に入っていない」と、不幸でい続ける必要はありませんよね。

自分が思う不幸せをすべて排除しなくても、今、幸せになると決めることはできます。

自分がすでに手に入れているものに目を向け、今ある幸せを実感することは、誰でも一瞬でできる「幸せになる方法」です。

48

「貧乏くじを引いた過去」は忘れる

望まない環境でこそ、
得られるものがある気がします。
誰かのために使った時間は、
かけがえのない経験です。

私のクリニックにいらっしゃる方の中には、育児をしながらのフルタイム労働で疲労困憊《こんぱい》し、退職を選択された人もいれば、親の介護で大好きだった仕事を辞めて郷里に帰る人、自身の病気で仕事が一時できなくなる人など、さまざまな方がいます。

私は、５人目の誕生を機に医師のキャリアを中断し、専業主婦として子育てに専念しました。それでもやっぱり医師に戻りたいとずっと願い続け、上の子たちの大学進学をきっかけに、51歳で医師に復帰。14年のブランクを経ての決断でした。

以前は産婦人科医でしたが、再出発の際に、精神医学を学んで精神科医になり、その後関心を持った漢方医になり、今、自分のクリニックで診療を行っています。

もちろん、私の場合、専業主婦になることも、そして復帰することも、どちらも自分で決めたことであり、非常に恵まれていたと感じます。夫や子どもたち、実母の応援、そして、時代や周囲の方々の導きがあったからこそ歩めた道。今は、私がもらったたくさんの応援と、医師として生きてきた経験を、患者さんにお返ししなくてはと思うばかりです。

「貧乏くじを引いた」と思いたくなる、自分の意思ではなく置かれた環境は、あなた自身にかけがえのない経験をもたらすはずです。

誰かのために使った時間は、直接相手から返ってはこなくても、別の形で返ってくる。長い年月を経て、そう思えるようになりました。そして、何かをやりたい気持ちは何より大切。何歳からでも再出発できることを、忘れないでいてほしいと思います。

49

「親のせいで」を忘れる

自分の人生がうまくいかないことを、いつまでも親のせいにしない。大人になったら、人生は自己責任です。

毒親というような言葉を見かけることがあります。「親ガチャ」なんて言葉もいっとき流行《はや》り、子どもは親を選べず、親によって幸せにも不幸にもなるということを、玩具のガチャガチャにたとえているそうですね。

両親との関係性が人生を大きく左右するのは確かにあるとは思いますが、人生の半分も過ぎてから「母のせいで」「父のせいで」と言うことで、人生がよくなるでしょうか。

「自分は不幸だ」「人生は不公平だ」といきり立っていると、自分はこの世の中の被害者であるという感覚がどんどん強くなります。

冷静に現実を見てみると、世の中には、自分より恵まれている人もいれば、恵まれていない人もいますね。幼少期によい環境で育った人の中にも人生に不満を持っている人もいますし、苦しい幼少期を過ごしても人生を輝かせている人もいます。

その違いは、自分に与えられた環境に不平不満を言い続けて動かなかった人と、自分を公平に扱ってくれる場所へと連れていった人との違いなのではないかと思います。

大人になってからの人生は、いつだって自己責任です。

置かれた境遇をいつまでも嘆いているくらいなら、その場所から出て、行きたい場所にご自分を連れ出すことです。

自分を動かせるのは自分だけ。そしてそれは、いつからだってできると知りましょう。

50

「鬱々した気分」を忘れる

いやな記憶を思い返して
何度も再体験しないことです。
悩みの桶《おけ》から目線を
上げるための、
自分なりの方法を
見つけたいものです。

傷ついた記憶や、自分の居場所を奪われた記憶を何度も思い出すたびに、その悲しみや痛みを再体験してしまい、不安やうつ症状、自己否定が強くなることがあります。
もちろん、大事故などに遭遇した場合や死に直面した際に起きる心的外傷後ストレス障害（ＰＴＳＤ）のような場合は病院やカウンセリングなどで適切な治療を受ける必要がありますが、人の心というのは人生のあちらこちらで傷ついてしまうものです。

人から言われた言葉が何度も思い出されてつらいときや、人から受けた仕打ちが忘れられないときは、その思いを誰かに話すこと。カウンセラーなどの専門家でもいいですし、友人でもいいでしょう。

人に話すことによって少し心が軽くなるのと同時に、「今もそれが引き続き起き続けているのかどうか」を確認することもできます。

気持ちを切り替えるために自分なりの方法を身につけることも大切で、私はといえば、末娘への電話です。その話を聞いてもらうときもあれば、他愛のない世間話のときもありますが、話すうちに気分は不思議と晴れ、決まって娘が「そういえばお母さん、次、いついつ（京都弁で何月何日、という意味です）美容院行こ？」と聞いてくれます。私は月１回程度、娘とふたりで美容院に通っているのですが、「そうか、いつにしよ？」と、視点が明日以降の未来に、さっと切り替わるのがわかります。それだけで元気になって、また翌日から、普段どおり頑張れます。

悩みの桶から、目線を上げる方法は意外なところにもあります。

51

ときどき「時間」を忘れる

時間は薬です。
でも、悲しみが癒えるには
途方もない時間が
かかるのも事実。
「無心」が少し時間を
忘れさせてくれます。

家族を亡くした悲しみから抜け出せずに苦しみ続ける人は多くいます。
3年ほど介護した夫が亡くなり、悲哀反応が強く出て何もする気が起きないという方がいらっしゃいました。そのつらさが2カ月ほど続いていると言われたのですが、家族を亡くした悲しみというのは、早々になくなるものではありません。

ただ、どっぷり悲しみに浸って家から出ず、動かずだと、からだの元気が失われ、筋力も衰えてしまい、心がさらに元気を失ってしまいます。

私はその方に、「何か自分ですぐにできる趣味、手を動かしてできることはありませんか？」とお尋ねしました。

あまり思い浮かばないと言われていましたが、考えるうちに「昔はお花の教室をやっていたので、またお花を生けてみようかしら」とのこと。

次にいらしたときには少し元気になられていて、「また、お教室なんかはじめてみようかしら」「教えてほしいと言う人がいて必要とされている気がしました」と言って、前回の診察時には見られなかった笑顔を見せてくださってほっとしました。

悲しみが人生を襲うとき、仕事を持っていたり、何かしなくてはならないことがあったりすると、それを無心にやりながら、心の回復を待つことができます。

「時間は薬」は本当ですが、その時間とはとても長く遠い道のりであることも事実です。悲しみや寂しさに寄り添ってくれる、時間を忘れさせてくれる「手仕事」はとてもいい相棒になると思います。

52

「悔やむ心」を忘れる

目の前のやるべきことは、意味あって贈られたものと、肯定的にとらえてみましょう。

「夫と義母の介護をしてきましたが、両方とも亡くなったら心にぽっかり穴が開いて、何もやる気が起きません」と話す患者さんに、私は、「自分がいなくなったから、何もできなくなってしまったあなたを見て、故人は喜ぶでしょうか」とお尋ねしました。

親や配偶者が亡くなったとき、一番心を病んでしまうのは「やることが何もない」という人です。心が行ったり来たりし、「あれをすればよかった」「これもできたかも」と悔やむ心が生まれます。

こんなときには、手足を使って「動く」ことがいい気がします。考えたり、思い出に浸っていると、心に開いた穴に、吸い込まれてしまいそうになります。部屋を片付けたり、これまで磨いていなかった床を磨いてみたり、もちろん、仕事がある人は仕事のことに没頭するようにします。

14年前に夫を亡くしたとき、子どもたちの教育費の借金が残っていました。夫が「あとは頼む」と言ったものですから、くよくよする暇もなかったというのが当時の素直な心境でした。とにかく仕事を続けました。

そのときはただ必死で、目の前のこと、患者さんに向き合う日々でした。あとから振り返って、あの借金は、私があれこれ悔やむことを防ぐために夫が残してくれたものなのではないかと思うことがあります。

目の前にあるやるべきことは、すべて、意味があって与えられたもの。そうとらえて、少しずつ、気持ちを奮い立たせてみませんか。

53

人への「負けん気」は忘れる

自分への負けん気は大切。でも、人への負けず嫌いはほどほどに。経験豊富な人の一歩引いた謙虚さが、美しく思えます。

負けず嫌いは大いに結構。私も振り返れば負けず嫌いによって道を開いてきたように思います。そして、その矛先を自分だけに向けることができれば、それは誰も傷つけることがない大きな武器になるでしょう。

「自分は持っていない」「あの人はあれができる」と、他人と自分を比べて劣等感を抱く必要などありません。他人に対する過剰な競争心も、持っていると相手に操られてくたびれてしまいます。人の評価を求め続けるのは、心とからだ両方の毒になります。

年齢を重ねてからの負けん気は、今の自分にできる最大限に対して抱けるといいですね。それは、今できることの中から挑戦したり、やりたかったことを経験をしたりするための「人生の青春18きっぷ」のようなものです。

挑戦すれば少しずつできるようになることもあれば、病気や加齢で少しずつできなくなっていくこともある。年齢を重ねるということは、誰もがそうなのですから、誰かより上とか下とかいう考え方自体が不毛です。

意地を張らず、できないことに執着しない素直さをいつも携えておきたいですし、他者に対しては謙虚でいたいと思います。

年を重ねるごとに、一歩引いてみる。聞かれる前には話さない。自分が話すよりもまずは聞く。謙虚さは大人の証明です。人生の経験値が生み出す器の大きさとも言える気がします。

54

「白か黒か」は忘れる

いいか、悪いか。
二極で考えないほうがいいときもあります。
白黒つけないグレーも悪くありません。

正義感が強くてまじめな人ほど、ものごとを白黒はっきりさせたいのかもしれませんが、世の中のほとんどは曖昧で、見方によって真逆です。正義も、こちらから見ればこちらが正義、あちらから見ればあちらが正義。白黒つけるなんてできません。

以前、多忙を極める40代の男性がクリニックにいらっしゃいました。「うちの会社はおかしい。ワークライフバランスなんてあったもんじゃない」と、会社の上司や組織を責めておられ、その怒りとイライラは相当なものでした。

大変な状況にあるのは確かですが、過剰な怒りの原因は、外的なストレスによってからだのめぐりが悪くなっていることにもありました。ひとしきり不満をお聞きして、「愚痴を言い続けるとご自身にとってご損ですよ」とお伝えしました。少しでもお気持ちが和らぐよう、焦燥感に合わせた漢方薬を処方しました。しばらくしていらしたときには、少し落ち着かれて、以前よりもものごとを俯瞰《ふかん》して見る力を取り戻されていました。

いいか悪いかで、この世の中のすべてを判断するのは、そもそも難しいのです。互いの立場もそう。優劣をつけようとしたところで、基準が変われば上下はすぐに逆転します。自分の正しさを振りかざすと、相手を傷つけることもあれば、自分の正しさが通らないことに憤り、ストレスをためてしまうことにもなります。

世の中には多様な人たちがいて、その多様性が認められる時代です。それぞれの正しさや価値観で生きていることを受け入れることで、心がラクになる気がします。

55

「競争」は忘れる

目の前の「少しでもお役に立てること」をやりたいと思っています。競争するよりも、自分の納得感を大切にするようにしています。

コロナ禍もあって、心身ともに疲れている人が多いことに胸を痛めています。
最近は、私のクリニックも2週間以上先まで予約でいっぱいなのですが、至急診察したほうがいいと思われるようなご連絡をいただくときは、なんとか予約を受けることができないかと考えます。

コロナ禍になってから、近隣の心療内科や精神科はもっと予約でいっぱいで数カ月待ちということも珍しくない状況ですから、受付をしている息子から「追加で予約を入れても大丈夫ですか？」と聞かれたら、「どうぞ」とあまり躊躇《ちゅうちょ》なく答えます。

私は、自分が今日生きていて、社会のお役に立てることがあるのなら、それは、人生のお役目として喜んでやらせていただきたい。結果、休み時間がほとんどなくなってしまったり、帰宅が遅くなったりしても、それはあまり気になりません。

人は、社会に所属し、人の役に立てていると感じられるとき、幸福感や充実感を持てるようになっています。必ずしも大きなことをする必要はありません。ただ、自分がそこにいることで、役に立っていると感じられるかどうかがとても大切です。

年齢を重ねて今日も命があるのなら、誰かと競争するのでも、評価を求めるのでもなく、ただ誰かのためになり、自分も幸福になれる生き方を選んでいく。競争ではない、本当の充足は、とても心地よいものですね。

56

「自己犠牲」は忘れる

自分がやっていて楽しいことで、
社会のお役に立ちましょう。
生きる意味は
自分が見つけるものです。

人の役に立つために行動することは、自分を犠牲にして誰かに尽くすことではありません。ただ、「誰かのために、何かをしたい」という気持ちを大切にして生きることで、人は、他者とのつながりを感じながら生きていくことができます。

実際に、人の役に立てたと思うときに、オキシトシンが分泌されます。オキシトシンは「幸せホルモン」「愛情ホルモン」とも呼ばれ、幸せを感じたり、ストレスを減らしたりする効果があると言われます。誰かの役に立つと思うことを積極的に行うことで、自分も幸せになれて、健康でいられるというわけです。

1年前にクリニックを立ち上げてから、以前から書いていた「知って得する話」を最近ブログとして発信しています。これまで得た知恵や、知ってよかったと思うことを、簡単にお伝えするもの。栄養素のことや、ちょっとした不調対策など、読んでいただいた方に、どこかお役に立てることがあるならと書き続けています。

もちろん、「知って得する」かどうかは、読まれた方が判断されることですが、実際に、患者さんに「やってみたら効果がありました」という反応をもらうととても嬉《うれ》しいものです。

自分が持っている能力や技術、知り得た知識があるのなら、それは、どんどん外に向けて発信していきたいものです。つらいことをイヤイヤやるのではなく、自分の体験や経験、知識をもとに、誰かのお役に立てる楽しいことに取り組む。とてもよいことだと思います。

4章

「小さな挑戦」は忘れない

57

やりたいこと「だけ」をやる

自分への「年齢制限」をやめましょう。いつも主語を自分にして、いつからだって、やりたいことを、やりたいように。

心とからだが元気でいるためには、自分に対して年齢制限をしないことが大切だと思っています。この年齢制限というのは、やりたいことがあるのにやらない選択のことです。

自分にできること、自分にはできないこと、自分がやってみたいこと、自分がやりたくないこと、自分が幸せに思うこと、自分がいやな気持ちになること、自分が一緒にいたい人、自分が関わりたくない人やものに敏感でいましょう。

いつも「自分」を主語にして、自分にやりたいことをやらせてあげることです。

私は今もたくさんの本を読みます。新しいことを知りたいと思っているからです。新型コロナウィルスが流行してからは、オンラインでの漢方の講座にも参加していますし、パソコンやスマホ、ＬＩＮＥだって使います。

そうお伝えすると「90歳なのにすごいですね」という反応が多いのですが、私は年齢に驚かれることのほうに驚いてしまうくらい。新しいことを取り入れて生きていくことは、何歳からでもできますよ。

もちろん、年齢を重ねることでできなくなることは出てきます。

でも、私たちが人生でまだやってみたことがないことの中には、年齢や体力に関係なくできることだってまだまだたくさんあるはずです。

年齢によって失われたことがあったとしても、朝目が覚める限り、私たちには新しい今日が与えられています。今日できることに関心を向けましょう。

58

「呼ばれたい名前」で呼んでもらう

「おばあちゃん」と
呼ばれたくないなら、
名前で呼んでもらっていい。
言葉は思う以上に
心に影響する気がしています。

私は「おばあちゃん」と呼ばれると老け込んでしまう気がして、子どもや孫には「ひーこさん」と呼んでもらっています。いつも耳から入ってくる呼び方だからこそ、自分が気持ちのいい呼ばれ方をしたいと思うのです。

周囲を見渡しても、「おばあちゃん」ではなく名前で呼ばれたいというのは、私だけではないように思います。年齢によって判断されることも、あまり嬉《うれ》しくはないのですが、ときどき年齢に驚かれることもあり、「まあ、それも仕方ないかな」と思っている今日このごろです。

日々の中にまぎれている無意識の思い込みは、ときとして人を傷つけたり、自分に制限を与えたり、その人らしさを失わせてしまうものです。

また、この無意識の偏見は、年齢を重ねるごとに増す人が多いようです。「最近の若い人は」という言葉がまさにそうですね。

年齢を重ねると、若い人たちの新しい価値観を知ったり、理解したりする機会が減ることもあります。だからこそ、若い人と話したり、声をかけたりと、普段から、新しいものを知り、取り入れることを心がけたいと思います。孫とのＬＩＮＥも楽しいですし、お若い患者さんと話をするだけでも、知らない言葉が飛び出してワクワクします。

自分のことも、人のことも、価値観の狭い押し入れにしまい込むのはもったいないことです。

59

「違う顔の自分」を持つ

「いつもと違う自分」って、
なんだか素敵な響きです。
「オン」の時間が運ぶ
生活のハリを、脳は喜びます。

「病院にいるひーこさんは、家にいるときのひーこさんとは違うね、お医者さんの顔になるのね」まだ小さかった孫から、そう言われたことがありました。
クリニックで見かける私と、家にいるときの私は、孫からすると別人のように見えたのでしょう。

言われた当時は、あまり自覚がありませんでしたが、この年まで白衣を着て患者さんをお迎えできる生活をさせていただいて、ありがたいことだと思います。白衣を着てクリニックにいると、気持ちがシャンとします。私にとって「オン」の時間です。「オン」のスイッチを入れるのは、仕事だけではありません。友人とお茶をするために、服を選び出かけること。地域の催しに参加して、自分の役割を全うすること。ひとりで趣味に集中する時間。誰かをもてなすための、慌ただしくも心躍る準備……。

そんな「オン」の時間は、脳機能を活性化させますから、とくにすることがなく、家でぼんやりとテレビを見てばかりいるような日が続くときには、着替えて、外へ出ることです。半強制的に、自分に「オン」の時間をつくります。

規則正しい生活を土台にしながら、社会とのつながりや、少しの刺激、小さな挑戦を毎日に取り入れます。「いつも通らない道を歩いてみる」「いつもは行かないスーパーに行ってみる」など、すぐできる「新しいこと」はたくさんあります。

60

「お願いします」を気持ちよく言う

できることは自分でやり、
できないことはお願いする。
「お願いします」を、
きちんと言える人で
いたいと思います。

本が数冊、そして資料のファイルが複数入り、ふくれ上がった革の鞄《かばん》を見て、「そんなに重い鞄で毎日往復されているのですか?」と驚かれます。それを肩にかけ、さらに手荷物を持っていると「お持ちしましょうか」と聞かれるのですが、私は自分のことは自分でやりたい性分。お気持ちだけありがたく受け取ります。

そんな私ですが、89歳でクリニックを開業する際には、たくさんの方に力を貸してもらいました。私が家族に今後の話をし、「よろしくお願いします」と伝えると、子どもたちは、それぞれの形で、さまざまな面で私に協力してくれました。

次男は勤めていた会社を早期退職して、事務的な仕事を総轄しクリニックを運営してくれることになりました。医師である長男は、私に何かあったときのリスクを考えて、いざというときのために周辺の医療機関に挨拶まわりをしてくれて、三男は内装まわり全般を、その妻はカーテンを縫ってくれました。院内の冷蔵庫は三女、観葉植物は四女、テレビを贈ってくれた孫もいました。次女は毎日の食事やお弁当を作ってくれて、遠方にいる長女はいつも決まった時間に孫とともに電話をくれます。子どもや孫たちが、それぞれの方法で、私の新しい挑戦の毎日を支えてくれています。

年齢を重ねてすべてを自分でやろうとするのは不可能ですから、「自分にできることだけは自分でやる」「誰かの力を借りる」という両輪が大切だと感じます。

誠意を込めて「よろしくお願いします」を、いつもまっすぐに言える人でいたい。私も日々、練習です。

61

学んでもっと好きになる

学ぶって、楽しいことです。
難しく考えず、
やってみたいことをかじってみる。
思わぬ人生の転機を
呼ぶこともあります。

私は、医師をしながら、時間をつくってさまざまな学びを生活に取り入れてきました。子どもの習いごとの時間帯、ただ待っているのはつまらないと、英会話のレッスンに通い、結果、英検を受験するほど没頭しました。娘の同級生と試験会場で会ったことも、いい思い出です。専業主婦時代は、通信課程で栄養学や心理学を学び、その後の育児や診療に役立ちました。学びとはおもしろいものです。当時、あれこれと手を出した自分をほめたいですね。

四柱推命も学びました。「お医者さんが、四柱推命ですか」と驚かれましたが、7人の子どもたちがどんな運命を背負っているのか、知りたいと思ってのことでした。習うとこれもおもしろく、奥深い世界でした。私自身は、元来、悪い占いは気にしない性格ですから、実際は、運勢がよくても悪くても、どちらでもいいのですが、自分の人生の指針を決めて、それに向かって動く材料にはなりました。

娘は誕生日が1日遅ければ大金持ちの運勢だったと、「なぜ1日我慢してくれなかったの」と言い、笑い合ったものです。そんな娘も今では4人を育てる働き者のお母さん。振り返れば、子どもたち7人が7様の、どこも似ていない人生を歩んでいて、とても味わい深い思いです。

過去に学んだことは、その先の人生のどこかで自分を助けてくれたり、思わぬ転機を運んだりします。何より、学ぶって楽しいこと。私が今勉強したいのは「生薬」。もっとくわしくなりたくて、勉強材料を集めているところです。

62

「経験」にお金を使う

やりたいと思うことは、
思う存分、自分に
やらせてあげましょう。
お金をかけるならば、
物よりも経験だと思います。

四柱推命の話をしましたが、私は、やりたいと思うことは何でもやってみる性格。
それが何につながるか、利益があるかどうかとか、あまり考えることなく、とにかくやってみたい気持ちを止めないことを大切にしてきました。それは子どもに対しても同じで、子どもがやりたいと望むことはできるかぎり、何でも挑戦させてきました。挑戦することは、生きる強さにつながると思っていましたから、家族の挑戦をどんなときも歓迎してきました。そろばん、ピアノ、エレクトーン、バイオリン、柔道、ハンドベル、絵画教室、塾……もちろんお金がかかりましたが、なんとかやりくりするのが私の役目。医学部と歯学部への進学にも大金が必要で、夫婦で借金をして子どもたちのやりたいことをやらせる子育て時代でした。

今、クリニックを手伝ってくれている次男が、開院の際に、手持ちの事業資金について話しているときに、はじめてそのことを実感したようで、「子どもたちのやりたいことを最優先してやらせてくれていたことを、はじめて知った」と言っていました。

時折、診察室を訪れる方の中には、「やりたいことをやらずに長い人生を過ごしてきてしまった」と後悔の念を語られる方がおられますが、そんなとき、私は「やらなかった後悔は忘れて、今を見てください」とお伝えしています。

いつだって、私たちの目の前には「今」しかありません。今、やりたいことを、やってみましょう。お金を使うなら、物よりも、経験や思い出に使いたいと思います。やりたいことならば、「役に立つかな」と、考える必要はありません。

63

自分で「調べて」自分で「決める」

情報過多の時代だからこそ、
自分で調べて、
自分で考えることです。
知識は自分を助けてくれます。
病気の治療法だって、
最後は自分で決めましょう。

私の夫は77歳のときに、大腸がんで亡くなりました。1度目の手術のあとで転移し、私は、転移したがん細胞を取り除く手術を勧めましたが、結局、夫はそれを選択しませんでした。私もそれ以上、説得することはしませんでした。それがよかったのかどうかわかりませんが、すべては夫の選択。私はそれを受け止めて、夫を見送りました。私は、それが夫であったとしても、患者さんがご自身の病気の治療をどうするのか、最終的に決定するのは患者さん本人だと思っています。

本人が自分の治療について決断するためには、日ごろから、「どんな症状が出てきたらどんな病院へ行けばいいのか」「自分の病気にはどういう治療法があるのか」について、広く知識を持っておく必要があります。

今は何でも簡単に調べられる時代です。私も、わからないことがあるとすぐにネット検索しますが、情報過多のこの時代に必要なのは、調べることそのものよりも、情報を得て選択する力ではないかと思います。情報を鵜呑《うの》みにするのではなく、信頼できる医師や治療法を自分で調べ、自分で選択することです。

自分が選んでいないのなら結果に対して後悔することもあるでしょうが、自分で選んだものに対しては信頼と納得感を持って接することができます。

また、同じように相手がきちんと考えて決めたことを最大限尊重すること。私たちは自分の人生を自分の責任において選んで生きているのだなぁと、この年になり、つくづく思わされます。

64

「最新機器」に触ってみる

年齢を重ねても、臆せずに最新機器を触ってみましょう。タイピングすることで自然に脳活をしています。

手は第二の脳と言われることもあり、手指を動かすことで脳は活性化します。普段から料理をしたりピアノを弾いたり、絵を描いたりする環境があると、自然と脳の健康が保たれます。

私はというと、患者さんの診察の際、カルテを入力したり、健康のヒントをお届けするブログを書いたりは、デスクトップのパソコンでささっとやってしまいます。

高校生だったころ、「タイピング」を習いに行きました。昭和22年くらいだったと思います。「英文タイプ教えます」という看板に、「新しくて素敵な響き」と思ったのを覚えています。お習字に行くのと同じような感覚でしたが、その後大学に入ると、タイピングができることで重宝され、周囲のお役に立てたものです。

ですから、パソコンが広まったとき、私は70歳前後でしたが、臆することもなく自然に取り入れることができました。以降、ずっとパソコンを使って仕事をしています。24型のモニターとプリンターは、大切な仕事の相棒です。

今持っているスマホも、老人向けのものではなくｉＰｈｏｎｅです。孫とＬＩＮＥで写真のやりとりをしたり、他愛ない会話を楽しんだりしています。

パソコンだったり、スマホだったり、ブログだったり。「ハイカラだな」「できたら素敵だな」「やってみたいな」と思うことを次々とやってみた結果が、今の生活です。

ちょっと難しいかもと思う前に、手をつけてみることも、新しい趣味のきっかけになるかもしれません。脳を若々しく保つために、手先を動かすことをおすすめします。

65

誰かへ「贈り物」をする

人へのさりげない
プレゼントは、
相手だけでなく
自分の脳と心も喜ばせます。

誰かへのプレゼントを考えるとき、自然に心が沸き立つのを感じます。相手が喜ぶ顔を思い浮かべるとき、人は喜びを感じるものです。相手の喜ぶ顔を思い浮かべながらプレゼントを選ぶという行為は、脳も心も活性化させてくれます。

「この人は何をプレゼントしたら喜んでくれるかしら」
「このこしあんは、甘党のあの人が気に入るに違いない」
そうやって相手の顔を思い浮かべながらあれこれ考えるとき、人は未来を見ています。心がワクワクして脳が喜ぶ瞬間です。

未来を思い浮かべるときは、自分や人が笑顔になる姿を思い浮かべましょう。

普段のやりとりでも、「今この人はどうしてほしいのだろう」と、ちょっと考えてから言葉を発したり、行動したりすることも、幸せな未来予想図になりますね。もちろん、脳の活性化につながりますし、相手に対してやさしさを持って接することもできるようになります。いいことづくしです。

また、相手からしてもらうことや言葉を贈り物としてとらえてみると、自然と、ポジティブな気持ちで受け取れるようになりますね。

ただ、心得ておいてほしいのは、プレゼントをすることは、相手のためということもありますが、自分のための行いでもあるということです。プレゼントを相手に手渡したとき、実際に喜ぶかどうかは相手の自由です。喜ばれなかったからといってがっかりするなど、つまらないことです。

66

「根っこの関心事」を見つける

好きなことがわからないなら、
幼いころを振り返ってみましょう。
自然と熱中していたことが、
あなたが進む道かもしれません。

診察室でお話ししていると、「やりたいことがない」「仕事が苦しい」「好きなことが見つからない」という声もよく聞かれますが、そんなとき私は「子どものころどういう子でしたか?」と聞きます。

子どものころに好きだったことというのは、意外と、大人になってからの職業や、今も続けていることにつながっているものです。

私の場合はやはり、医学への道でしょうか。9歳のころのことです。母が、急にめまいがするというので、電話帳で京都大学医学部付属病院の電話番号を調べて、電話をかけて、「先生に代わってください」と言って、母の症状を伝えて、どうしたらいいのか指示を仰いだことがあります。

今考えると、病院の先生に直接子どもが電話をして指示を仰ぐなど、9歳にしてずいぶん大胆だなと思いますが、子どもながらに、お母さんを助けたい一心だったのでしょう。大きな病院に電話しなくては、と思ったのでしょうね。

後付けかもしれませんが、その後なんとなく、将来を考えたときに医師を選んだのも、もともと医療への関心があったからなのかもしれません。それが、医師の道へと導いていたのかもしれないなと思うこともあります。

子どものころというのは、忖度《そんたく》なく自分の好きなことをやるものです。自然と熱中していたことを思い出してみると、やりたいことが見つかることもあるかもしれません。

67

小さな「お役目」を果たす

大層なことでなくてもいいのです。
自分の小さなお役目を大切に、
今日1日を懸命にやることです。
誰かの話を聞くことも、
大切なお役目です。

この世に生まれてきて、今も生かされているということは、何かしら、それぞれにお役目があるのだと思います。
また、そう思ったほうが、元気が出てくるように思います。

役割、お役目と言うと大層なことのように思われるかもしれませんが、本当にささいなことでも、誰にでもこの世界で果たすべき役割というのがあるのではないでしょうか。

私ですと、もちろん医師としてクリニックにいらっしゃる方の話を聞き、心身を楽にする処方をすることもそうですが、「あそこに行けば話を聞いてもらえる」「自分のことを大切に感じられる」という場所を開いておくことができればいいなぁと思っています。

仕事ではなくとも、誰にでも、人生のお役目のようなものはあると思います。

それはたとえば、朝起きて打ち水しているときに通る人に「おはようございます」と声をかけることだったり、趣味のお教室の中で人の話を聞いてあげることだったりします。親の話し相手になることもそうでしょう。

自分が生きている世界の中で、ほんの少し、誰かの心が晴れるお手伝いができることがあるならば、自分のお役目としてお引き受けしたらいいと思うのです。

それが自分の居場所になって、人生に光を与えてくれることもあります。

小さくてもいいから、自分のお役目を持って生きていけたらいいですね。

68

「選んだ道」を肯定する

「今の自分」は、
これまでの選択の結果。
自分が選び取った人生と
まずは胸を張りましょう。

人生の選択というのは、案外、たまたま目に入ったから、人から声をかけられたからというような偶然も多いのかもしれません。私も、偶然の流れに乗るようにして、医師という道を志しました。

「これからは女性も手に職を」という両親の考えもあって、10歳のときに医師になろうと決めました。弁護士なども考えたのですが、近所に医大に通っているお兄さんがいて、それがきっかけで医師になろうかなと思ったのです。

そう言うと、「私はそういう道を選べなかった」「あなたは恵まれている」と思う人もいるかもしれませんが、大切なのは誰もが、自分の道を選び取って今を生きているということです。

決断と偶然の繰り返しで、今、ここにいるのです。

私もまた、すべてが思ったとおりの人生だったわけではありません。子育てのために医師の道を中断した時期もありましたが、今となってはそれもまた、自分にとって大切な人生の選択だったと思っています。

今、もしも、自分の人生が苦しくて、うまくいかずに悩んでいるのなら、それは自分が選んだ自分の人生なのだと、自分に胸を張ってみてほしいのです。

「私なりに、今日まで頑張って生きてきた」

過去を後悔するのではなく、今日までの人生の選択が、最善であったと信じてみる。

大切なのはこれからどう生きるのかを、今日また選び取るのだということです。

69

小さな「お役立ち」を思い出す

自信を失ったときは、誰かの役に立った記憶を思い出します。小さなことほど、覚えているものです。

自分に自信がないときやものごとがうまくいかないときに、「自分には何もできない」「自分が生きている意味はあるのだろうか」と極端に落ち込んでしまう人がいますが、そんなときこそ、過去誰かの役に立った記憶を思い出してみてほしいのです。

人は誰かの役に立ててこそ、喜びを感じる生き物です。感謝されたときこそ、自信を持つことができます。

私が幼少期に人の役に立てたと思った体験は、戦時中のことでした。

空襲警報が鳴ると、お役を持っていた母は集会場に出かけることが多く、私はその間に、玄関の下に掘った地下壕の中で、一升瓶に入れた闇米の玄米を棒でついて精米していました。安全が確認され警報が解除されると、ある程度の精米になっていて、これで少しは母の役に立てたかなあと幼心に思ったものです。母は何も言いませんでしたが、自分なりに役立てたという実感を今も思い出すことができます。

「人の役に立てた体験などありません」という人でも、ひとつやふたつは必ずあるものです。生きていて一度も誰かの役に立ったことがない人、「ありがとう」と言われたことがない人などいませんよ。

小さなことでもいいのです。学校の先生に面倒見のよさをほめられたことや、交番に落とし物を届けて喜ばれたこと、そのときの気持ちを思い出してみてください。

人生の意味というのは、小さなことの積み重ねです。名声や大きなことを成し遂げた功績を手に入れずとも、人のお役には立てます。

70

いつでも「笑える」準備をしておく

大笑いすると、からだじゅうが
エネルギーで満たされます。
さあ、いつどこで
笑ってやろうかと、
おもしろいことを探します。

最近いつ、お腹を抱えて笑いましたか。患者さんに聞いてみると「笑うことはあるけれど、お腹を抱えて笑うほどの大笑いはもう数年ない」という声が多いものです。
笑うことで、免疫力がアップすることは医学的にも証明されていますから、「笑う」

ということに真剣に取り組んでもいいかもしれません。

私がお腹を抱えて笑った思い出といえば、亡き夫との結婚前のことです。

私が大学院生のころ、病理学教室で出会った夫とよく食事に出かけていました。夫は話し上手で、いつも私を楽しませてくれて、笑いが絶えませんでした。ふたりであまりに笑いすぎて、私の顎が外れ、自分で治したなんていうこともありました。

米国に留学が決まっていたのに、行かずに結婚してしまったのは、一緒にいて顎が外れるくらい笑える人なんてもう一生出会わないと思ったからかもしれません。

からだと心の不調を抱えて訪れる診察室ですから、いつでも笑いがあるわけではありませんが、患者さんとの会話で笑いが生まれると、ガラッと空気が変わります。

先日、拡張期血圧が高い男性の患者さんに「血液検査で悪玉コレステロールが高いのではないですか?」と聞くと、「そうなんですよ〜!」と、わははは! と大きな声で笑い出しました。あまりに楽しそうに愉快に笑うものですから、思わずつられてしまったほど。前向きで明るいご本人ですから、これから血圧も改善し、症状もよくなることでしょう。笑うって、素晴らしい健康法ですね。楽しいから笑うのではなく、笑っていると楽しくなる、それを実際に感じたできごとでした。

71

「与える」ことで「与えられる」

人は何かをしてあげることで、
同時に受け取っています。
励ましているように見えて、
励まされているのは
自分だったりします。

私の母は、65歳にならないうちに亡くなりました。母を思い出すとき、自然が好きな母と、歌を口ずさみながら歩いた山道が目に浮かびます。
母は小さいころから頭がよかったそうで、校長先生が「官費で女学校に行かないか」と家まで訪ねてきたものの、祖父が「奉公に出します」とあっさり断ってしまい、学びの機会を得られなかったということでした。

そのことを一切恨みもしなかった母ですが、学びの機会の貴重さを実感していたのでしょう。私が、医学部に進むことを喜び、高額な医学書を欲しいと言っても、絶対にダメと言うことなく、身を粉にして働きながら応援してくれました。

私が医師になってからも全力で私を支え、毎日子どもたちの面倒を見に来てくれていましたが、私もだんだんその状況に慣れてしまい、よく口ゲンカをしたものです。

ケンカをすると母は決まって、身につけていた割烹着《かっぽうぎ》をチャチャッと外して「さいなら」と帰ってしまいます。翌日は顔を出さないものですから、「もう来てくれないかもしれない」と反省していたら、翌々日には「こんにちは」と、何事もなかったようにいつもどおり来てくれる、さっぱりした性格の母でした。

この年になってわかるのは、母の深い愛情と同時に、私を陰で支え、孫たちの面倒を見ることは、母にとって元気のもとになっていたであろうこと。医師という立場である私自身も、ケアし、元気になる処方箋をお渡ししながら、実は私が励まされ、助けられているのを感じます。人はその漢字のとおり、支え合って生きているのですね。

おわりに

最後までお読みいただき、ありがとうございました。

この本を書いていた2022年の夏は、コロナ禍で中断していた祇園祭が3年ぶりに開催されて賑わいました。

祇園祭はもともと、厄除《やくよ》けのお祭り。昔から、厄除けのちまきを玄関に飾る風習がありました。祇園祭のちまきは、「厄除けちまき」とも呼ばれ、毎年わが家が買うのは八坂神社のちまき。食べられるちまきもありますが、このちまきは、笹の葉で作られた厄病・災難除けのお守りのようなもので、食べられません。

この厄除けちまきは、幼少のころから祇園祭の時期にはあたりまえに、玄関に飾ってあったもの。結婚してからは、自然に自分でも買って飾るようになりました。

販売される期間は決まっていて、どれだけ忙しくても必ず、この期間に八坂神社に行き、このちまきを買うのがわが家の毎年の決まりごとでした。今は、私が子どもたちの所帯分を、忘れず買うことで、「これで今年も家族が皆元気でいられる。よかった」という、ゲン担ぎになっています。

日本には美しい風習や文化がたくさん残っています。子どものころに体験した地域の行事には不思議と心を躍らされ、元気をもらえるものです。しばらくご無沙汰しているという人は、改めて、「わが家のルーティン」に、地域の行事を加えてみてはどうでしょう。

日本人がずっと大切にしてきた文化を大切にすることは、心が元気でいるためには必要なことですし、ゲン担ぎも縁起担ぎも、「心の薬」には違いない気がします。

末の娘が時折「ひーこ先生は、医者なのに薬を出さずに、『縁起がいいからあれを食べてみて』とか言う。医者なのに不思議ね」と言うことがありました。

私は、西洋医学はもとより、漢方医学についても長年学び、診療に活《い》かしてきました。古来から続く文化や習わし、研究されてきたことは、健やかに暮らすための知恵そのものです。心やからだにとって必要なことは、「薬」として提案できる医師でありたい。そう願ってここまで歩んできた気がします。その間、たくさんの人たちに助けていただいたことは、ありがたいかぎりです。

「もっとラクに生きられる方法はありますか？」

この本を書くにあたり、診察室でそう聞かれたことを思い出していました。以前も今も、私ならやはり「いい塩梅《あんばい》を大切にしてください」とお答えします。

お料理は、甘すぎても辛すぎてもおいしくないのと同じ、人生も、自分にとってのいい塩梅、つまり「ほどよきところ」で日々を過ごすのがいい気がします。

自分にとって必要なものはさっと取り入れ、必要がないものは上手に捨てる。いやな過去は忘れて、名誉や欲を手放して、苦しい人間関係からはサラリと離れる。握りしめていた悲しみや執着を手放して、よかったことすらも、適度に忘れる――そうすると自分が今したいこと、今感じていること、そんな、自分の「今」が戻ってくる気がします。

大切な家族との関係も、ほどよい距離感を保ち、それでいて温かい。自分でできることはやるけれど、できないことは人を頼りにし、誰かが困っていたら自分にできる範囲でお手伝いする。人間関係の「ほどよきところ」を探すことで、生きやすい暮らしは見つかる気がしています。

ほどよく忘れて、スッと一歩引き、心はカラッと。よい距離感で、さっぱりとした心で生きましょう。

藤井英子

藤井英子（ふじい・ひでこ）

漢方心療内科藤井医院院長。医学博士。現在も週6で勤務する91歳の現役医師。1931年京都市生まれ。京都府立医科大学卒業後、同大学院4年修了。産婦人科医として勤めはじめる。結婚後、5人目の出産を機に医師を辞め専業主婦に。育児に専念する傍ら、通信課程で女子栄養大学の栄養学を、慶應義塾大学文学部の心理学を学ぶ。計7人の子どもを育てながら、1983年51歳のときに一念発起しふたたび医師の道へ。脳神経学への興味から母校の精神医学教室に入局。その後、医療法人三幸会第二北山病院で精神科医として勤務後、医療法人三幸会うずまさクリニックの院長に。漢方薬に関心を持ち、漢方専門医としても現場に立ってきた。89歳でクリニックを退職後、「漢方心療内科藤井医院」を開院。精神科医と産婦人科医としての視点から、心のケアに必要な漢方薬を処方することを人生の役目とし、日々診察に当たる。「心配には及びませんよ」「大丈夫ですよ」という声かけに「それだけでほっとした」という声も多い。

精神保健指定医。日本精神神経学会専門医。日本東洋医学会漢方専門医。

ブログ「ひーこ先生の『知って得する話』」https://kampo-mentalclinic.com/

ほどよく忘れて生きていく

2023年1月25日　初 版 発 行
2024年9月25日　第25刷発行

著　者　　藤井英子
発行人　　黒川精一
発行所　　株式会社サンマーク出版
　　　　　東京都新宿区北新宿2-21-1
　　　　　電話　03-5348-7800
印刷・製本　中央精版印刷株式会社

ISBN978-4-7631- 4035-7 C0095
ホームページ　https://www.sunmark.co.jp